BERLIT

ENGLISCH
für die Reise

Herausgeber: Redaktion des Berlitz Verlags

Wichtiges auf einen Blick

● Am besten beginnen Sie mit der **Anleitung zur Aussprache** (S. 6–9) und sehen sich danach **Die ersten Worte** (S. 10–15) an. So eignen Sie sich einen Grundwortschatz an und werden gleichzeitig mit der englischen Aussprache vertraut.

● Einen allgemeinen Überblick gibt der **Inhalt** (S. 3–5). Jedes Kapitel enthält einfache Sätze und Redewendungen, gefolgt von Wörtern, die Sie je nach Bedarf einsetzen können, außerdem nützliche Reiseinformationen und Ratschläge.

● Am Anfang der Kapitel **Gaststätten** und **Einkaufsführer** stehen zusätzliche ausführliche Inhaltsangaben (Speisekarte, S. 39; Geschäfte, S. 97).

● Die **Kurzgrammatik** (S. 159–163) bringt Ihnen den englischen Satzbau und andere Regeln näher.

● Wenn Sie schnell ein bestimmtes Wort brauchen, schlagen Sie im **Wörterverzeichnis** (S. 164–189) nach. Sie finden dort nicht nur die englische Übersetzung, sondern auch einen Verweis auf die Seiten, wo das jeweilige Wort in einem Satz vorkommt.

● Das **farbige Register** mit Kapitelbezeichnungen in deutsch *und* englisch ermöglicht rasches Nachschlagen. Bei Bedarf kann Ihr Gesprächspartner auch das **englische Inhaltsverzeichnis** am Schluß des Buches benutzen.

● An verschiedenen Stellen im Buch werden Sie dem Symbol ☛ begegnen. Es kennzeichnet mögliche Fragen und Antworten Ihres englischen Gesprächspartners. Falls Sie ihn nicht verstehen, zeigen Sie ihm das Buch und lassen ihn auf den zutreffenden englischen Satz deuten. Die deutsche Übersetzung steht gleich daneben.

Völlig überarbeitete Neuausgabe – 3. Auflage 1989
Printed in Switzerland

Inhalt

Reisen im Lande 65

Besichtigungen 80

Unterhaltung 86

Bekanntschaften 92

Einkaufsführer 97

Unser aufrichtiger Dank gilt Eva Bayer und Ania Warne für ihre Hilfe bei der Abfassung dieses Buches sowie Herrn Dr. T.J.A. Bennett für die Erstellung der Lautschrift.

Anleitung zur Aussprache

Dieses und das folgende Kapitel sollen Sie mit der von uns verwendeten Aussprachebezeichnung und dem Klang der englischen Sprache vertraut machen.

Als minimales Reisevokabular haben wir für Sie eine Anzahl grundlegender Wörter und Sätze unter der Überschrift »Die ersten Worte« (Seite 10–15) zusammengestellt.

Überblick über die englische Schreibung und Aussprache

Die von uns gewählte vereinfachte Umschrift ist wie Deutsch zu lesen: besondere Ausspracheregeln und Zeichen werden unten erläutert. Wenn Sie die folgenden Anleitungen sorgfältig beachten, sollten Sie mit dem Lesen unserer Aussprachebezeichnung keine Mühe haben und sich ohne weiteres verständlich machen können. Fettgedruckte Silben müssen mit mehr Betonung als die anderen gelesen werden. Hochgestellte Buchstaben werden nur flüchtig ausgesprochen.

Konsonanten

Buchstaben	Annähernde Aussprache	Lautschrift	Beispiel	
f, h, k, l, m, n, p, t, x	werden wie im Deutschen ausgesprochen			
b	immer wie in Ra**b**e, nie wie in a**b**	b	**big**	bigg
c	1) vor **e, i, y** wie **ß** in Nu**ß** 2) sonst wie **k** in **k**ein	ss k	**face** **can**	fä^{i}ss kæn
ch	wie **tsch** in ru**tsch**en	tsch	**much**	matsch
d	immer wie in ba**d**en, nie wie in Ba**d**	d	**do**	duh
g	1) vor **e, i, y** gewöhnlich wie **dsch** in **Dsch**ungel (stimmhaft) 2) sonst wie **g** in **g**ut	dʒ g	**gin** **good**	dʒinn gudd

j	wie **dsch** in **Dsch**ungel (stimmhaft)	dʒ	**jam**	dʒæm
qu	wie **k**, gefolgt von flüchtigem schwachem **u**-Laut	k^{u}	**quick**	k^{u}ikk
r	schwer zu beschreiben! Die Zunge ist ungefähr in der gleichen Stellung wie bei **g** in **G**enie, aber viel tiefer, und die Lippen sind eher in einer neutralen Stellung. Ausgesprochen wird **r** nur vor einem Vokal	r	**read** **car** **mother**	ried kah maðö
s	1) zwischen Vokalen und am Wortende wie **s** in Rose	s	**please**	plies
	2) in den Buchstabengruppen **-si-** und **-su-** wie **g** in **G**enie	ʒ	**vision** **measure**	wiʒön mäʒö
	3) sonst wie **ß** in Nuß	ss	**see**	ssie
sh	wie **sch** in **sch**ön	sch	**shut**	schatt
th	1) manchmal (besonders am Wortende) wie **s** in bis, aber gelispelt	θ	**berth**	böhθ
	2) manchmal (besonders vor Vokal) wie **s** in Rose, aber gelispelt	ð	**this**	ðiss
v	wie **w** in **W**ein	w	**very**	wärri
w, wh	wie ein schwacher **u**-Laut	^{u}	**we**	^{u}ie
z	wie **s** in Rose	s	**zoo**	suh

Vokale

Englische Vokale werden häufig nicht strikt der schriftlichen Form entsprechend ausgesprochen. Insbesondere unbetonte Vokale neigen dazu, ihren »theoretischen« Tonwert zu verlieren und werden dann eher wie ein flüchtiges **e** wie in bitte (in unserer Lautschrift **ö**) ausgesprochen.

a	1) vor Konsonant (außer **r**) ein zwischen **a** und **ä** schwebender Laut	æ	**cat**	kæt
	2) vor Konsonant plus Vokal wie **ä** in hätte, gefolgt von schwachem **i**-Laut	ä^{i}	**late** **crazy**	lä^{i}t krä^{i}si

	3) zwischen **w** und einem Konsonanten gewöhnlich wie **o** in Post	^{u}o	**was**	^{u}os
	4) in bestimmten Fällen, oft wenn von **s** gefolgt, wie **ah** in Bahn	ah	**pass** **dance**	pahss dahnss
e	1) vor Konsonant wie **ä** in hätte	ä	**bed**	bädd
	2) vor Konsonant plus Vokal oft wie **ie** in dies	ie	**eve**	iew
i	1) vor Konsonant wie **i** in bis	i	**sit**	ssitt
	2) vor Konsonant plus Vokal oft wie **ei** in kein	ei	**line**	lein
o	1) vor Konsonant wie **o** in Post	o	**hot**	hott
	2) vor Konsonant plus Vokal etwa wie **oo** in Moos, gefolgt von schwachem **u**-Laut	oo^{u}	**bone**	boo^{u}n
	3) manchmal wie **a** in hat	a	**mother**	**ma**ðö
u	1) vor Konsonant gewöhnlich wie **a** in hat	a	**must**	masst
	2) vor Konsonant plus Vokal (aber nicht nach **j, l, r** oder **s**) wie **ju** in **ju**beln	juh	**tune**	tjuhn
	3) sonst wie **uh** in Kuh oder **u** in Pumpe	uh u	**rude** **put**	ruhd putt
y	1) in einsilbigen Wörtern wie **ei** in mein	ei	**my**	mei
	2) am Wortanfang wie **j** in jung	j	**you**	juh
	3) sonst wie **i** in bis	i	**penny**	**pä**nni

Laute, die mit mehreren Buchstaben geschrieben werden

ai, ay	wie **ä** in hätte, gefolgt von schwachem **i**-Laut	ä^{i}	**may**	mä^{i}
ar	wie **ah** in fahren	ah	**car**	kah
au, aw, oar, or	wie **oh** in **oh**ne, aber mit offenerem Mund, dennoch mit ziemlich stark gerundeten Lippen	oh	**saw** **boar** **for**	ssoh boh foh

ea, ee, ei, ie	gewöhnlich wie **ie** in **sie**	ie	**leave**	liew
er, ir, ur	1) vor Konsonant (oder am Wortende) wie **öh** in **Föhn**, aber mit gedehnten Lippen wie für **ee**	öh	**burn**	böhn
	2) vor Vokal wie **ie** (**Sie**), **ä** (**wä**re), **ei** (**mei**n) oder **ju** (**Ju**bel) mit folgendem flüchtigem **ö**-Laut	**ie**ö **ä**ö **ei**ö **juh**ö	**here** **there** **fire** **pure**	**hie**ö **ðä**ö **fei**ö **pjuh**ö
eau, eu, ew	wie **ju** in **ju**beln	juh	**new**	njuh
igh	wie **ei** in m**ei**n	ei	**high**	hei
oa	wie **oo** in M**oo**s, gefolgt von schwachem **u**-Laut	oo^{u}	**boat**	boo^{u}t
oi, oy	wie **eu** in n**eu**	eu	**boy**	beu
oo	gewöhnlich wie **uh** in K**uh**	uh	**soon**	ssuhn
ou	gewöhnlich wie **au** in H**au**s	au	**house**	hauss
ow	1) wie **au** in H**au**s	au	**now**	nau
	2) wie **oo** in M**oo**s, gefolgt von schwachem **u**-Laut	oo^{u}	**low**	loo^{u}
-ssion, -tion	am Wortende wie **schen** in wa**schen**	schön	**station**	**sstä**^{i}schön

Aussprache des englischen Alphabets

A	ä^{i}	**H**	ä^{i}tsch	**O**	oo^{u}	**V**	wie
B	bie	**I**	ei	**P**	pie	**W**	**dabl**juh
C	ssie	**J**	dʒä^{i}	**Q**	kjuh	**X**	äks
D	die	**K**	kä^{i}	**R**	ahr	**Y**	^{u}ei
E	ie	**L**	äll	**S**	äss	**Z**	sädd
F	äff	**M**	ämm	**T**	tie		
G	dʒie	**N**	änn	**U**	juh		

Die ersten Worte

Ja.	**Yes.**	jäss
Nein.	**No.**	noo^{u}
Bitte.	**Please.**	plies
Danke.	**Thank you.**	θænk juh
Vielen Dank.	**Thank you very much.**	θænk juh **wä**rri matsch
Bitte/Gern geschehen.	**You're welcome.**	joh ^{u}**äll**kömm
Entschuldigung/ Verzeihung!	**Excuse me/ Sorry!**	äkss**kjuhs** mie/ **sso**rri

Begrüßung *Greetings*

Guten Morgen.	**Good morning.**	gudd **moh**ning
Guten Tag. (Nachmittag)	**Good afternoon.**	gudd ahftö**nuhn**
Guten Abend.	**Good evening.**	gudd **iew**ning
Gute Nacht.	**Good night.**	gudd neit
Auf Wiedersehen.	**Goodbye.**	gudd**bei**
Bis bald.	**See you soon.**	ssie juh ssuhn
Das ist ...	**This is ...**	ðiss is
Herr/Frau ...	**Mr./Mrs. ...**	**miss**tö/**mi**ssis
Fräulein ...	**Miss ...**	miss
mein Mann	**my husband**	mei **has**bänd
meine Frau	**my wife**	mei ^{u}eif
Sehr erfreut.	**How do you do?**	hau duh juh duh
Wie geht es Ihnen?	**How are you?**	hau ah juh
Sehr gut, danke. Und Ihnen/dir?	**Very well, thanks. And you*?**	**wä**rri ^{u}äll θænkss. ænd juh
Wie geht's?	**How's life?**	haus leif

* Das Englische unterscheidet nicht zwischen »du« und »Sie«.

Fragen *Questions*

Wo/Wohin?	**Where?**	^{u}äö
Wo ist ...?	**Where is ...?**	^{u}äö ris
Wo sind ...?	**Where are ...?**	^{u}äö rah
Wo finde/ bekomme ich ...?	**Where can I find/ get ...?**	^{u}äö kæn ei feind/ gätt
Wer?	**Who?**	huh
Wer ist das?	**Who's that?**	huhs ðæt
Was?	**What?**	^{u}ott
Was ist das?	**What's that?**	^{u}ottss ðæt
Was bedeutet das?	**What does that mean?**	^{u}ott das ðæt mien
Welcher/Welche/ Welches?	**Which?**	^{u}itsch
Welcher Bus fährt nach ...?	**Which bus goes to ...?**	^{u}itsch bass goo^{u}s tuh
Wann?	**When?**	^{u}änn
Wann kommen wir an?	**When do we arrive?**	^{u}änn duh ^{u}ie ö**rreiw**
Wann öffnet/ schließt ...?	**When does ... open/ close?**	^{u}änn das ... **oo**^{u}pön/ kloo^{u}s
Wieviel?	**How much?**	hau matsch
Wie viele?	**How many?**	hau **mä**nni
Wieviel kostet das?	**How much does this cost?**	hau matsch das ðiss kosst
Wie?	**How?**	hau
Wie komme ich nach ...?	**How do I get to ...?**	hau duh ei gätt tuh
Wie weit?	**How far?**	hau fah
Wie lange?	**How long?**	hau long
Wie heißt dies/das auf englisch?	**What do you call this/that in English?**	^{u}ott duh juh kohl ðiss/ðæt inn **ing**glisch
Stimmt das?	**Is that right?**	is ðæt reit
Warum?	**Why?**	^{u}ei

Sprechen Sie ...? *Do you speak ...?*

Spricht hier jemand Deutsch?	**Does anyone here speak German?**	das änni^{u}ann **hieö** sspiek **dʒöh**mön
Ich spreche nicht (gut) Englisch.	**I don't speak (much) English.**	ei doo^{u}nt sspiek (matsch) **ing**glisch
Würden Sie bitte langsamer sprechen?	**Could you speak more slowly?**	kudd juh sspiek moh **ssloo^{u}**li
Wie sagt man das auf englisch?	**How do you say this in English?**	hau duh juh ssä^{i} ðiss inn **ing**glisch
Könnten Sie es bitte aufschreiben?	**Could you write it down, please?**	kudd juh reit itt daun plies
Könnten Sie es ...?	**Could you ... it?**	kudd juh ... itt
buchstabieren	**spell**	sspäll
erklären	**explain**	äkss**plä^{i}n**
übersetzen	**translate**	trænss**lä^{i}t**
wiederholen	**repeat**	ri**piet**
Bitte zeigen Sie mir ... im Buch.	**Please point to the ... in the book.**	plies peunt tuh ðö ... inn ðö bukk
Ausdruck	**phrase**	frä^{i}s
Satz/Wort	**sentence/word**	**ssän**tönss/^{u}öhd
Einen Augenblick.	**Just a moment.**	dʒasst ö **moo^{u}**mönt
Ich sehe nach, ob ich es in diesem Buch finde.	**I'll see if I can find it in this book.**	eill ssie iff ei kæn feind itt inn ðiss bukk
Was heißt das?	**What does this mean?**	^{u}ott das ðiss mien
Wie bitte?	**I beg your pardon?**	ei bägg joh pahdn
Ich verstehe.	**I understand.**	ei andö**sstænd**
Ich verstehe nicht.	**I don't understand.**	ei doo^{u}nt andö**sstænd**
Verstehen Sie?	**Do you understand?**	duh juh andö**sstænd**
Haben Sie ein Wörterbuch?	**Do you have a dictionary?**	duh juh hæw ö **dik**schönäri
Ich finde die richtige Übersetzung nicht.	**I can't find the right translation.**	ei kahnt feind ðö reit trænss**lä^{i}**schön
Ich bin nicht sicher, ob die Aussprache stimmt.	**I'm not sure whether the pronunciation is right.**	eim nott **schu**ö ^{u}**ä**ðö ðö prönan**ssiä^{i}**schön is reit

Kann ...? *Can/May ...?*

Kann ich ... haben?	**Can I have ...?**	kæn ei hæw
Können wir ... haben?	**Can we have ...?**	kæn ^{u}ie hæw
Können Sie mir ... zeigen?	**Can you show me ...?**	kæn juh schoo^{u} mie
Können Sie mir sagen ...?	**Can you tell me ...?**	kæn juh täll mie
Können Sie mir helfen?	**Can you help me?**	kæn juh hälp mie

Wünsche *Wanting ...*

Ich hätte gern/ Ich möchte ...	**I'd like ...**	eid leik
Geben Sie mir bitte dies/das.	**Could you give me this/that, please?**	kudd juh giew mie ðiss/ðæt plies
Bringen Sie mir ...	**Bring me ...**	bring mie
Zeigen Sie mir ...	**Show me ...**	schoo^{u} mie
Ich suche ...	**I'm looking for ...**	eim **lu**kking foh
Ich brauche ...	**I need ...**	ei nied

Haben/Sein *To have/ To be*

Ich habe/ Wir haben ...	**I've/We've ...***	eiw/^{u}iew
Ich habe ... verloren.	**I've lost ...**	eiw losst
Ich bin/Wir sind ...	**I'm/We're ...***	eim/^{u}**ie**ö
Ich habe Hunger.	**I'm hungry.**	eim **han**gri
Ich habe Durst.	**I'm thirsty.**	eim **θöh**ssti
Ich habe mich verirrt.	**I'm lost.**	eim losst
Ich habe mich verspätet.	**I'm late.**	eim lä^{i}t
Ich bin müde.	**I'm tired.**	eim **tei**öd

* I've, I'm usw. sind Kurzformen für I have, I am usw. (siehe auch GRAMMATIK, Seite 162)

Es ist/Es gibt ... *It is/There is ...*

Es ist ...	**It is/It's ...**	itt is/itss ...
Es ist nicht ...	**It isn't ...**	itt **i**sönt
Ist es ...?	**Is it ...?**	is itt
Hier ist es.	**Here it is.**	**hie**ö itt is
Es ist wichtig.	**It's important.**	itss im**poh**tönt
Es ist dringend.	**It's urgent.**	itss **öh**dʒönt
Es gibt ...	**There is ...**	**ðä**ö ris
Es gibt keinen/keine/ kein ... (Einzahl)	**There is no ...**	**ðä**ö ris noo^{u}
Es gibt keine ... (Mehrzahl)	**There are no ...**	**ðä**ö rah noo^{u}
Gibt es ...?	**Is there ...?**	is **ðä**ö

Mengen *Quantities*

ein wenig/viel(e)	**a little/a lot**	ö **li**ttöl/ö lott
wenige/einige	**few/a few**	fjuh/ö fjuh
viel/viele	**much/many**	matsch/**mä**nni
mehr/weniger (als)	**more/less (than)**	moh/läss (ðæn)
genug/zu(viel)	**enough/too (much)**	i**naff**/tuh (matsch)

Gegensätze *Opposites*

alt/jung	**old/young**	oo^{u}ld/jang
alt/neu	**old/new**	oo^{u}ld/njuh
billig/teuer	**cheap/expensive**	tschiep/äkss**pän**ssiw
draußen/drinnen	**outside/inside**	aut**sseid**/in**sseid**
frei/besetzt	**free/occupied**	frie/**ok**jupeid
früh/spät	**early/late**	**öh**li/lä^{i}t
groß/klein	**big/small**	bigg/ssmohl
gut/schlecht	**good/bad**	gudd/bæd
heiß/kalt	**hot/cold**	hott/koo^{u}ld
hier/dort	**here/there**	**hie**ö/**ðä**ö
hinauf/hinunter	**up/down**	app/daun
leicht/schwer	**light/heavy**	leit/**hä**wi
leicht/schwierig	**easy/difficult**	**ie**si/**di**ffikölt
nahe/weit	**near/far**	**nie**ö/fah
offen/geschlossen	**open/shut**	**oo^{u}**pön/schatt
richtig/falsch	**right/wrong**	reit/rong
schnell/langsam	**fast/slow**	fahsst/ssloo^{u}
schön/häßlich	**beautiful/ugly**	**bjuh**tifull/agli
voll/leer	**full/empty**	full/**ämp**ti
vorher/nachher	**before/after**	bi**foh**/**ahf**tö

Folgende Waren dürfen Sie zollfrei einführen:

nach:	 Zigaretten	 Zigarren	 Tabak	 Spirituosen	 Wein
Großbritannien/Irland	200 oder (300)	50 oder (75)	250 g (400 g)	1 l (1½ l)	und 2 l (5 l)
(Die Zahlen in Klammern gelten für aus einem EG-Land einreisende Personen und für Waren, die nicht zollfrei gekauft wurden.)					

goods to declare abgabenpflichtige Waren	**nothing to declare** abgabefreie Waren

Ich habe nichts zu verzollen.	**I've nothing to declare.**	eiw **na**θing tuh di**kläö**
Ich habe ...	**I have a ...**	ei hæw ö
Flasche Whisky	**bottle of whisky**	**bott**öl ow **ᵘiss**ki
Stange Zigaretten	**carton of cigarettes**	**kah**tön ow ssigö**rätss**
Es ist für meinen persönlichen Gebrauch.	**It's for my personal use.**	itss foh mei **pöh**ssönöl juhss
Es ist nicht neu.	**It's not new.**	itss nott njuh
Das ist ein Geschenk.	**This is a gift.**	ðiss is ö gift

Your passport, please.	Ihren Paß, bitte.
Your passport is no longer valid.	Ihr Paß ist nicht mehr gültig.
Do you have anything to declare?	Haben Sie etwas zu verzollen?
Please open this bag.	Öffnen Sie bitte diese Tasche.
You'll have to pay duty on this.	Dieser Artikel ist zollpflichtig.
Do you have any more luggage?	Haben Sie noch mehr Gepäck?

Gepäck – Gepäckträger *Luggage – Porter*

Wo stehen die Gepäckhandwagen (Kofferkulis)?	**Where are the luggage trolleys?**	^{u}äö rah ðö laggidʒ trollis
Wo ist die Gepäckaufbewahrung?	**Where is the left-luggage office?**	^{u}äö ris ðö läft-laggidʒ offiss
Wo sind die Schließfächer?	**Where are the luggage lockers?**	^{u}äö rah ðö laggidʒ lokkös
Gepäckträger!	**Porter!**	pohtö
Nehmen Sie bitte ...	**Please take ...**	plies tä^{i}k
dieses Gepäck	**this luggage**	ðiss laggidʒ
meinen Koffer	**my suitcase**	mei ssuhtkä^{i}ss
meine Tasche	**my bag**	mei bæg
Bringen Sie dieses Gepäck bitte zum Bus/Taxi.	**Take this luggage to the bus/taxi, please.**	tä^{i}k ðiss laggidʒ tuh ðö bass/tækssi plies
Wieviel macht das?	**How much is that?**	hau matsch is ðæt
Es fehlt ein Gepäckstück.	**There's one piece missing.**	ðäös ^{u}ann piess missing

Geldwechsel *Changing money*

Banken sind im allgemeinen montags bis freitags 9.30–15.30 Uhr geöffnet, manche auch samstags vormittags. Wechselstuben sind länger und oft auch an Wochenenden offen.

Wo ist die nächste Bank/Wechselstube?	**Where's the nearest bank/currency exchange office?**	^{u}äös ðö nieörisst bænk/karränssi äksstschä^{i}ndʒ offiss
Können Sie diese Reiseschecks einlösen?	**Can you change these traveller's cheques?**	kæn juh tschä^{i}ndʒ ðies træwölös tschäkss
Ich möchte ... wechseln.	**I'd like to change some ...**	eid leik tuh tschä^{i}ndʒ ssamm
D-Mark	**German marks**	dʒöhmön mahkss
österreichische Schilling	**Austrian schillings**	ohsstrijön schillings
Schweizer Franken	**Swiss francs**	ss^{u}iss frænkss
Wie ist der Wechselkurs?	**What's the exchange rate?**	^{u}otss ði äksstschä^{i}ndʒ rä^{i}t

BANK UND GELDANGELEGENHEITEN, Seite 129

Wo ist . . .? *Where is . . .?*

Wo finde ich ein Taxi?	**Where can I get a taxi?**	^{u}äö kæn ei gätt ö **tæ**kssi
Wo kann ich ein Auto mieten?	**Where can I hire a car?**	^{u}äö kæn ei **heiö** ö kah
Wie komme ich nach/zu . . .?	**How do I get to . . .?**	hau duh ei gätt tuh
Fährt ein Bus ins Stadtzentrum?	**Is there a bus into town?**	is **ðäör** ö bass **inn**tuh taun
Wo ist . . .?	**Where is the . . .?**	^{u}äö ris ðö
Bahnhof	**(railway) station**	(**rä**^{i}l^{u}ä^{i}) **sstä**^{i}schön
Bushaltestelle	**bus stop**	bass sstopp
Fahrkartenschalter	**ticket office**	**tik**kitt **o**ffiss
Fremdenverkehrsbüro	**tourist office**	**tuh**risst **o**ffiss
Informationsschalter	**information desk**	infoh**mä**^{i}schön dässk
Platzreservierung	**booking office**	**bu**kking **o**ffiss
Postamt	**post office**	poo^{u}sst **o**ffiss
U-Bahn	**underground**	**an**dögraund

Hotelreservierung *Hotel reservation*

Haben Sie ein Hotelverzeichnis?	**Do you have a hotel guide?**	duh juh hæw ö hoo^{u}**täll** geid
Können Sie mir ein Zimmer reservieren?	**Could you reserve a room for me?**	kudd juh ri**söw** ö ruhm foh mie
im Zentrum	**in the centre**	in ðö **ssän**tö
in Bahnhofsnähe	**near the railway station**	**nie**ö ðö **rä**^{i}l^{u}ä^{i} **sstä**^{i}schön
ein Einzelzimmer	**a single room**	ö **ssing**göl ruhm
ein Doppelzimmer	**a double room**	ö **dab**böl ruhm
nicht zu teuer	**not too expensive**	nott tuh äkss**pän**ssiw
Wo liegt das Hotel/die Pension?	**Where is the hotel/guest house?**	^{u}äö ris ðö hoo^{u}**täll**/ gässt hauss
Was kostet eine Übernachtung?	**What's the price per night?**	^{u}ottss ðö preiss pöh neit
Haben Sie nichts Billigeres?	**Don't you have anything cheaper?**	doo^{u}nt juh hæw **ä**nniθing **tschie**pö
Haben Sie einen Stadtplan?	**Do you have a street map?**	duh juh hæw ö sstriet mæp

HOTEL – UNTERKUNFT, Seite 22

Autoverleih *Car hire*

Die meisten der zahlreichen nationalen und internationalen Verleihfirmen verlangen, daß Sie mindestens 21 (und noch nicht 70) Jahre alt sind und den Führerschein seit 12 Monaten besitzen. Grundsätzlich anerkennen die britischen Behörden die Führerscheine aller anderen Länder.

Ich möchte ein Auto mieten.	**I'd like to hire a car.**	eid leik tuh **hei**ö ö kah
ein kleines/ mittleres/ großes Auto	**a small/medium-sized/large car**	ö ssmohl/**mie**diöm-sseisd/lahdʒ kah
mit Automatik	**an automatic**	ön ohto**mæ**tikk
Für einen Tag/ eine Woche.	**For a day/a week.**	fohr ö dä^{i}/ö ^{u}iek
Was kostet es pro Tag/Woche?	**What's the charge per day/week?**	^{u}otss ðö tschahdʒ pö dä^{i}/^{u}iek
Gibt es Wochenend-pauschalen?	**Are there any week-end arrangements?**	ah **ðä**ö **ä**nni **^{u}iek**-änd ö**rä^{i}ndʒ**möntss
Haben Sie Sonder-tarife?	**Do you have any special rates?**	duh juh hæw **ä**nni **sspä**schöll **rä^{i}**tss
Ist das Kilometergeld inbegriffen?	**Is mileage included?**	is **mei**lidʒ in**kluh**did
Wieviel kostet es pro Meile*?	**What's the charge per mile?**	^{u}otss ðö tschahdʒ pö meil
Ich möchte eine Voll-kaskoversicherung.	**I want full insurance.**	ei ^{u}ant full in**schuh**rönss
Wieviel muß ich hinterlegen?	**What's the deposit?**	^{u}otss ðö di**po**sitt
Ich habe eine Kreditkarte.	**I have a credit card.**	ei hæw ö **krä**ddittt kahd
Hier ist mein Führerschein.	**Here's my driving licence.**	**hie**ös mei **drei**wing **lei**ssönss
Ich will den Wagen in ... zurückgeben.	**I want to leave the car in ...**	ei ^{u}ant tuh liew ðö kah inn

* 1 Meile = 1,6 km 1 km = 0,6 Meilen

AUTO, Seite 75

Taxi *Taxi*

Meist hält man ein Taxi auf der Straße an, aber es gibt auch Taxistände.

Private Kleintaxis (*minicabs* – **min**nikæbs) können telefonisch bestellt werden. Sie fahren zu festen Preisen und sind vor allem für längere Strecken vorteilhaft.

Wo finde ich ein Taxi?	**Where can I get a taxi?**	^{u}äö kæn ei gätt ö **tæk**ssi
Besorgen Sie mir bitte ein Taxi.	**Please get me a taxi.**	plies gätt mie ö **tæk**ssi
Was kostet die Fahrt bis ...?	**What's the fare to ...?**	^{u}ottss ðö **fäö** tuh
Wie weit ist es bis ...?	**How far is it to ...?**	hau fah ris itt tuh
Bringen Sie mich ...	**Take me to ...**	tä^{i}k mie tuh
zu dieser Adresse	**this address**	ðiss ö**dräss**
zum Bahnhof	**the station**	ðö **sstä**^{i}schön
zum Flughafen	**the airport**	ði **äö**poht
zum Hafen	**the port**	ðö poht
zum Hotel ...	**the ... Hotel**	ðö ... hoo^{u}**täll**
zum Krankenhaus	**the hospital**	ðö **hoss**pitöl
ins Stadtzentrum	**the town centre**	ðö taun **ssän**tö
Ich habe es eilig.	**I'm in a hurry.**	eim inn ö **har**ri
Biegen Sie an der nächsten Ecke ... ab.	**Turn ... at the next corner.**	töhn ... æt ðö näksst **koh**nö
links/rechts	**left/right**	läft/reit
Fahren Sie geradeaus.	**Go straight ahead.**	goo^{u} ssträ^{i}t ö**hädd**
Halten Sie hier, bitte.	**Stop here, please.**	sstopp **hie**ö plies
Könnten Sie bitte langsamer fahren?	**Could you drive more slowly, please?**	kudd juh dreiw moh **ssloo**^{u}li plies
Könnten Sie mir beim Gepäcktragen helfen?	**Could you help me carry my luggage?**	kudd juh hälp mie **kæ**ri mei **lag**gidʒ
Würden Sie bitte auf mich warten?	**Would you wait for me, please?**	^{u}udd juh ^{u}ä^{i}t foh mie plies
Ich bin in 10 Minuten zurück.	**I'll be back in 10 minutes.**	eil bie bæk inn 10 **min**nitss

TRINKGELD, 3. Umschlagseite

Hotel – Unterkunft

Vor allem während der Hochsaison empfiehlt sich eine frühzeitige Hotelreservierung. Falls Sie nicht vorbestellt haben, wenden Sie sich nach der Ankunft an das örtliche Fremdenverkehrsamt (*tourist information office* – **tuh**risst infoh**mä**^{i}schön **o**ffiss). Für London ist die Broschüre *Where to stay: London* hilfreich.

Hotel (hoo^{u}**täll**)	England verfügt über ein vielseitiges Angebot an Hotels in allen Preislagen. Sie sind in fünf Klassen (von 1 bis zu 5 Sternen) eingeteilt.
Motel (moo^{u}**täll**)	Sind an den Hauptverkehrsadern zu finden.
Bed and breakfast (B & B) (bädd ænd **bräk**fösst)	Wörtlich »Bett und Frühstück«: einfache, aber preiswerte Unterkunftsmöglichkeit, die Ihnen außerdem Gelegenheit bietet, einen Blick in ein englisches Heim zu werfen. Vorbestellen ist nicht nötig.
Guest house/Inn (gässt hauss/inn)	Einfache Pension bzw. Landgasthaus. Weniger Komfort, aber billiger als Hotels. Frühstück ist im Preis inbegriffen.
Youth hostel (juhθ **hoss**töl)	Es gibt in England über 400 Jugendherbergen. Vor allem in den Sommermonaten empfiehlt es sich, früh zu reservieren.

Können Sie mir ein Hotel/eine Pension empfehlen?	**Can you recommend a hotel/guest house?**	kæn juh räkö**mänd** ö hoo^{u}**täll**/gässt hauss
Gibt es hier in der Nähe eine Jugendherberge?	**Is there a youth hostel near here?**	is **ðäör** ö juθ **hoss**töl **nie**ö **hie**ö
Kann ich … mieten?	**Can I rent …?**	kæn ei ränt
Ferienhaus	**a holiday cottage**	ö **hol**lidä^{i} **kot**tidʒ
Bungalow	**a bungalow**	ö **bang**öloo^{u}
Wohnung	**a flat**	ö flæt

CAMPING, Seite 32

Empfang *Reception*

Haben Sie noch freie Zimmer?	**Do you have any vacancies?**	duh juh hæw änni **wä**^{i}känssies
Mein Name ist ...	**My name is ...**	mei nä^{i}m is
Ich habe reservieren lassen.	**I have a reservation.**	ei hæw ö räsö**wä**^{i}schön
Wir haben zwei Zimmer reserviert.	**We've reserved two rooms.**	^{u}iew ri**söwd** tuh ruhms

(NO) VACANCIES
(KEINE) ZIMMER FREI

Hier ist die Bestätigung.	**Here's the confirmation.**	**hie**ös ðö konfö**mä**^{i}schön
Ich möchte ein ...	**I'd like ...**	eid leik
Einzelzimmer	**a single room**	ö **ssing**göl ruhm
Doppelzimmer	**a double room**	ö **dab**böl ruhm
Zimmer mit ...	**a room with ...**	ö ruhm ^{u}ið
zwei Betten	**twin beds**	t^{u}inn bäds
Doppelbett	**a double bed**	ö **dab**böl bädd
Bad	**a bath**	ö bahθ
Dusche	**a shower**	ö **schau**ö
Wir möchten gern ein Zimmer ...	**We'd like a room ...**	^{u}ied leik ö ruhm
nach vorn	**at the front**	æt ðö frant
nach hinten	**at the back**	æt ðö bæk
mit Blick aufs Meer/ auf den See	**overlooking the sea/ the lake**	oo^{u}wö**luk**king ðö ssie/ ðö lä^{i}k
mit Balkon	**with a balcony**	^{u}ið ö **bæl**köni
Es muß ruhig sein.	**It must be quiet.**	itt masst bie **k^{u}ei**öt
Gibt es ...?	**Is there ...?**	is **ðä**ö
Heizung	**heating**	**hie**ting
Klimaanlage	**air conditioning**	äö kon**di**schöning
Radio/Fernsehen im Zimmer	**a radio/television in the room**	ö **rä**^{i}dijoo/**tä**liwiʒön inn ðö ruhm
eigene Toilette	**a private toilet**	ö **prei**witt **teu**litt

ABREISE, Seite 31

warmes Wasser	**hot water**	hott u**oh**tö
Wäschedienst	**a laundry service**	ö **lohn**dri **ssöh**wiss
Zimmerbedienung	**room service**	ruhm **ssöh**wiss
Könnten Sie noch ein Bett/Kinderbett ins Zimmer stellen?	**Could you put an extra bed/a cot in the room?**	kudd juh putt ön **äks**strö bädd/ö kott inn ðö ruhm

Wieviel? *How much?*

Wieviel kostet es ...?	**What's the price ...?**	uotss ðö preiss
pro Nacht	**per night**	pöh neit
pro Woche	**per week**	pöh uiek
für Übernachtung mit Frühstück	**for bed and breakfast**	foh bädd ænd **bräk**fösst
ohne Mahlzeiten	**excluding meals**	äkss**kluh**ding miels
mit Halbpension	**for half board**	foh hahf bohd
mit Vollpension	**for full board**	foh full bohd
Ist das Frühstück inbegriffen?	**Is breakfast included?**	is **bräk**fösst in**kluh**did
Gibt es Ermäßigung für Kinder?	**Is there any reduction for children?**	is ðäö änni ri**dak**schön foh **tschil**drön
Berechnen Sie etwas für das Baby?	**Do you charge for the baby?**	duh juh tschahdʒ foh ðö **bäi**bi
Das ist zu teuer.	**It's too expensive.**	itss tuh äks**pän**ssiw
Haben Sie nichts Billigeres?	**Don't you have anything cheaper?**	doount juh hæw ännitθing **tschie**pö

N.B.: Die Mehrwertsteuer *(Value Added Tax – V.A.T.)* ist normalerweise in der Hotelrechnung inbegriffen.

Wie lange? *How long?*

Wir bleiben ...	**We'll be staying ...**	uiel bie **stäi**ing
nur diese Nacht	**overnight only**	oouwö**neit oou**nli
ein paar Tage	**a few days**	ö fjuh däis
(mindestens) eine Woche	**a week (at least)**	ö uiek (æt liesst)
Ich weiß es noch nicht.	**I don't know yet.**	ei doount noou jätt

ZAHLEN, Seite 147

Entscheidung *Decision*

Kann ich das Zimmer sehen?	**May I see the room?**	mäⁱ ei ssie ðö ruhm
Gut, ich nehme es.	**Fine, I'll take it.**	fein eil täⁱk itt
Nein, es gefällt mir nicht.	**No, I don't like it.**	nooᵘ ei dooᵘnt leik itt
Es ist zu ...	**It's too ...**	itss tuh
kalt/warm dunkel/klein laut	**cold/hot** **dark/small** **noisy**	kooᵘld/hott dahk/ssmohl neusi
Ich habe ein Zimmer mit Bad bestellt.	**I asked for a room with a bath.**	ei ahsskt foh ö ruhm ᵘið ö bahθ
Haben Sie etwas ...?	**Do you have anything ...?**	duh juh hæw änniθing
Besseres Billigeres Größeres Ruhigeres	**better** **cheaper** **bigger** **quieter**	bättö tschiepö biggö kᵘeiötö
Haben Sie ein Zimmer mit besserer Aussicht?	**Do you have a room with a better view?**	duh juh hæw ö ruhm ᵘið ö bättö wjuh

Anmeldung *Registration*

Name/First name	Name/Vorname
Home address/Street/Number	Wohnort/Straße/Nummer
Nationality/Occupation	Nationalität/Beruf
Date/Place of birth	Geburtsdatum/-ort
Passport number	Paßnummer
Place/Date	Ort/Datum
Signature	Unterschrift

Was bedeutet das?	**What does this mean?**	ᵘott das ðiss mien

May I see your passport, please?	Kann ich Ihren Paß sehen?
Would you mind filling in this registration form?	Würden Sie bitte den Anmeldeschein ausfüllen?
Please sign here.	Unterschreiben Sie hier, bitte.
How long will you be staying?	Wie lange bleiben Sie?

Allgemeine Fragen	*General requirements*	
Welche Zimmernummer habe ich?	**What's my room number?**	^{u}otss mei ruhm **nam**bö
Würden Sie bitte unser Gepäck hinaufschicken lassen?	**Will you have our luggage sent up?**	^{u}ill juh hæw **auö** **la**ggidʒ ssänt app
Wo kann ich meinen Wagen parken?	**Where can I park my car?**	**^{u}äö** kæn ei pahk mei kah
Gibt es eine Hotelgarage?	**Does the hotel have a garage?**	das ðö hoo^{u}**täll** hæw ö gö**rahdʒ**
Ich möchte dies in Ihrem Safe lassen.	**I'd like to leave this in your safe.**	eid leik tuh liew ðiss inn **ju**ö ssä^{i}f
Kann ich bitte den Schlüssel haben?	**Can you give me the key, please?**	kæn juh giw mie ðö kie plies
Zimmer 123.	**Room 123.**	ruhm 123
Können Sie mich bitte um ... Uhr wecken?	**Will you wake me at ..., please?**	^{u}ill juh ^{u}ä^{i}k mie æt ... plies
Wann wird das Frühstück serviert?	**When is breakfast served?**	^{u}änn is **bräk**fösst ssöhwd
Können wir in unserem Zimmer frühstücken?	**Can we have breakfast in our room?**	kæn ^{u}ie hæw **bräk**fösst inn **au**ö ruhm
Gibt es ein Bad auf dieser Etage?	**Is there a bathroom on this floor?**	is **ðäö** ö **bahθ**ruhm on ðiss floh
Welche Stromspannung haben Sie hier?	**What's the voltage here?**	^{u}otss ðö **wol**tidʒ **hie**ö
Wo ist die Steckdose für den Rasierapparat?	**Where's the socket for the shaver?**	**^{u}äös** ðö **sso**kkitt foh ðö **schä**^{i}wö

UHRZEIT, Seite 153 / FRÜHSTÜCK, Seite 38

Kann ich ... haben?	**May I have ...?**	mä^{i} ei hæw
Aschenbecher	**an ashtray**	ön **æsch**trä^{i}
Badetuch	**a bath towel**	ö bahθ **tauöl**
Briefpapier	**some note paper**	ssamm noo^{u}t **pä**^{i}pö
Briefumschläge	**some envelopes**	ssamm **än**wiloo^{u}pss
(noch) eine Decke	**a(n extra) blanket**	ö(n **äks**strah) **blæn**kitt
Eiswürfel	**some ice cubes**	ssamm eiss kjuhbs
Handtuch	**a towel**	ö **tauöl**
Kleiderbügel	**some hangers**	ssamm **hæng**ös
(extra) Kopfkissen	**a(n extra) pillow**	ö(n **äks**strah) **pil**loo^{u}
Leselampe	**a reading lamp**	ö **rie**ding læmp
Nadel und Faden	**needle and thread**	**nie**döl ænd θrädd
Schreibpapier	**some writing paper**	ssamm **rei**ting **pä**^{i}pö
Seife	**some soap**	ssamm ssoo^{u}p
Wärmflasche	**a hot-water bottle**	ö hott-^{u}**oh**tö **bot**töl
Wo ist ...?	**Where's the ...?**	^{u}**ä**ös ðö
Badezimmer	**bathroom**	**bahθ**ruhm
Fahrstuhl	**lift**	lift
Friseur	**hairdresser's**	**hä**ödrässöhs
Notausgang	**emergency exit**	ä**möh**dʒönssi äkssitt
Speisesaal	**dining-room**	**dei**ning-ruhm
Toilette	**toilet**	**teu**litt
Können Sie mir ... besorgen?	**Can you find me a ...?**	kæn juh feind mie ö
Babysitter	**babysitter**	**bä**^{i}bissittö
Schreibmaschine	**typewriter**	**teip**reitö
Sekretärin	**secretary**	**ssäk**rötäri

Hotelpersonal *Hotel staff*

Direktor	**manager**	**mæ**nidʒö
Empfangschef	**receptionist**	riss**äp**schönisst
Hausdiener	**porter**	**poh**tö
Kellner	**waiter**	^{u}**ä**^{i}tö
Kellnerin	**waitress**	^{u}**ä**^{i}tröss
Portier	**hall porter**	hohl **poh**tö
Telefonist(in)	**switchboard operator**	ss^{u}**itsch**bohd opörä^{i}tö
Zimmermädchen	**maid**	mä^{i}d

Telefon – Post *Telephone – Post*

Können Sie mich mit Manchester 123-45-67 verbinden?	**Can you get me Manchester 123-45-67?**	kæn juh gätt mie **mæn**tschisstö 123-45-67
Haben Sie Briefmarken?	**Do you have any stamps?**	duh juh hæw **ä**nni sstæmpss
Würden Sie das bitte für mich aufgeben?	**Would you post this for me, please?**	^{u}udd juh poo^{u}sst ðiss foh mie plies
Sind Briefe für mich gekommen?	**Are there any letters for me?**	ah **ðäö rä**nni **lä**ttös foh mie
Hat jemand eine Nachricht für mich hinterlassen?	**Are there any messages for me?**	ah **ðäö rä**nni **mä**ssidʒies foh mie
Wie hoch ist meine Telefonrechnung?	**How much is my telephone bill?**	hau matsch is mei **tä**lifoo^{u}n bill

Schwierigkeiten *Difficulties*

... funktioniert nicht.	**The ... doesn't work.**	ðö ... **da**zönt ^{u}öhk
Fernseher	**television**	**tä**liwiʒön
Heizung	**heating**	**hie**ting
Klimaanlage	**air conditioning**	äö kon**di**schöning
Licht	**light**	leit
Radio	**radio**	**rä**^{i}dijoo^{u}
Der Wasserhahn tropft.	**The tap is dripping.**	ðö tæp is **dri**pping
Es kommt kein warmes Wasser.	**There's no hot water.**	**ðä**ös noo^{u} hott ^{u}**oh**tö
Das Waschbecken ist verstopft.	**The wash-basin is blocked.**	ðö ^{u}**osch**-bä^{i}sön is blokt
Das Fenster/Die Tür klemmt.	**The window/The door is jammed.**	ðö ^{u}**in**doo^{u}/ðö doh is dʒæmd
Der Vorhang klemmt.	**The curtain is stuck.**	ðö köhtn is sstakk
Die Birne ist durchgebrannt.	**The bulb is burned out.**	ðö balb is böhnt aut
Mein Zimmer ist nicht gemacht.	**My room hasn't been prepared.**	mei ruhm **hæ**sönt bien pri**pä**öd

POST UND TELEFON, Seite 132

... ist kaputt.	**The ... is broken.**	ðö ... is **broo^{u}**kön
Fensterladen	**shutter**	**schat**tö
Lampe	**lamp**	læmp
Rolladen	**blind**	bleind
Schalter	**switch**	ss^{u}itsch
Steckdose	**socket**	**ssok**kitt
Stecker	**plug**	plagg
Können Sie es reparieren lassen?	**Can you get it repaired?**	kæn juh gätt itt ri**päöd**

Wäscherei – Chemische Reinigung *Laundry – Dry cleaner's*

Ich möchte diese Kleider ... lassen.	**I want these clothes ...**	ei ^{u}ant ðies kloo^{u}ðs
bügeln	**ironed**	**ei**önd
reinigen	**cleaned**	kliend
waschen	**washed**	^{u}oscht
Wann sind sie fertig?	**When will they be ready?**	^{u}änn ^{u}ill ðä^{i} bie **rä**ddi
Ich brauche sie ...	**I need them ...**	ei nied ðämm
heute	**today**	tö**dä^{i}**
heute abend	**tonight**	tö**neit**
morgen	**tomorrow**	tö**mor**roo^{u}
vor Freitag	**before Friday**	bi**foh frei**dä^{i}
Können Sie das flicken/nähen?	**Can you mend/stitch this?**	kæn juh mänd/sstitsch ðiss
Können Sie diesen Knopf annähen?	**Can you sew on this button?**	kæn juh **ssöu** onn ðiss **bat**tön
Können Sie diesen Fleck entfernen?	**Can you get this stain out?**	kæn juh gätt ðiss sstä^{i}n aut
Können Sie das kunststopfen?	**Can this be invisibly mended?**	kæn ðiss bie in**wi**sibli **män**did
Ist meine Wäsche fertig?	**Is my laundry ready?**	is mei **lohn**dri **rä**ddi
Das gehört nicht mir.	**This isn't mine.**	ðiss **i**sönt mein
Es fehlt etwas.	**There's something missing.**	**ðäös ssam**θing **mis**sing
Da ist ein Loch drin.	**There's a hole in this.**	**ðäös** ä hoo^{u}l inn ðiss

WOCHENTAGE, Seite 151

Friseur – Kosmetiksalon *Hairdresser's – Beauty salon*

Gibt es im Hotel einen Friseur/ Schönheitssalon?	**Is there a hairdresser's/beauty salon in the hotel?**	is **ðäö** ö **hä**ödrässös/ **bjuh**ti **ssæ**lon in ðö hoo^{u}**täll**
Kann ich mich für Freitag anmelden?	**Can I make an appointment for Friday?**	kæn ei mä^{i}k önn ö**peunt**mönt foh **frei**dä^{i}
Waschen und Legen, bitte.	**I'd like a shampoo and set.**	eid leik ö schæm**puh** ænd ssätt
Haare schneiden, bitte.	**I'd like a haircut, please.**	eid leik ä **hä**ö-katt plies
Aufhellung	**a bleach**	ö blietsch
Brushing/Fönen	**a blow-dry**	ö **bloo^{u}**-drei
Dauerwelle	**a perm**	ö pöhm
Farbspülung	**a colour rinse**	ö **ka**llö rinss
Färben	**a dye**	ö dei
Frisur	**a hairstyle**	ö **hä**össteil
Gesichtsmaske	**a face-pack**	ö **fä^{i}ss**-päkk
Haarfestiger	**setting lotion**	**ssä**tting **loo^{u}**schön
Haar-Gel	**some hair gel**	ssamm häö dʒäl
Maniküre	**a manicure**	ö **mæ**nikjuhö
mit Ponyfransen	**with a fringe**	^{u}ið ö frindʒ
Den Scheitel links/ rechts/ in der Mitte.	**The parting on the left/right/in the middle.**	ðö **pah**ting onn ðö läft/ reit/inn ðö **mi**ddöl
Ich möchte ein Haarwaschmittel für ... Haar.	**I'd like a shampoo for ... hair.**	eid leik ö schæm**puh** foh ... **häö**
normales/trockenes/ fettiges	**normal/dry/ greasy**	**noh**möl/drei/ **grie**ssi
Nicht zu kurz.	**Don't cut it too short.**	doo^{u}nt katt itt tuh schoht
Nur die Spitzen, bitte.	**Just trim the ends, please.**	dʒasst trimm ði änds plies
Ein bißchen kürzer ...	**A little more off the ...**	ö **li**ttöl moh off ðö
hinten/oben	**back/top**	bæk/topp
im Nacken	**neck**	näkk
an den Seiten	**sides**	sseids
Kein Haarspray, bitte.	**I don't want any hairspray.**	ei doo^{u}nt ^{u}ant änni **hä**össprä^{i}

WOCHENTAGE, Seite 151

Rasieren, bitte.	**I'd like a shave.**	eid leik ö schä^{i}w
Stutzen Sie mir bitte ...	**Would you trim my ..., please?**	^{u}udd juh trimm mei ... plies
Bart	**beard**	**bie**öd
Koteletten	**sideboards**	**sseid**bohds
Schnurrbart	**moustache**	möss**tahsch**
Ich möchte ein Haarwasser.	**I'd like some hair lotion.**	eid leik ssamm **häö loo**^{u}schön

Abreise *Checking out*

Kann ich bitte meine Rechnung haben?	**May I have my bill, please?**	mä^{i} ei hæw mei bill plies
Ich reise morgen früh ab.	**I'm leaving early in the morning.**	eim **lie**wing **öh**li inn ðö **moh**ning
Machen Sie bitte meine Rechnung fertig.	**Please have my bill ready.**	plies hæw mei bill **rä**ddi
Wir reisen gegen Mittag ab.	**We'll be checking out around noon.**	^{u}iel bie **tschä**kking aut ö**raund** nuhn
Ich muß sofort abreisen.	**I must leave at once.**	ei masst liew æt ^{u}anss
Ist alles inbegriffen?	**Is everything included?**	is **äw**riθing in**kluh**did
Kann ich mit Kreditkarte bezahlen?	**Can I pay by credit card?**	kæn ei pä^{i} bei **krä**ddit kahd
Ich glaube, Sie haben sich verrechnet.	**I think there's a mistake in the bill.**	ei θink **ðä**ös ö miss**tä^{i}k** inn ðö bill
Können Sie uns ein Taxi bestellen?	**Can you get us a taxi?**	kæn juh gätt ass ö **tæk**ssi
Könnten Sie unser Gepäck herunterbringen lassen?	**Could you have our luggage brought down?**	kudd juh hæw **auö lä**ggidʒ broht daun
Hier ist meine Nachsendeadresse.	**Here's the forwarding address.**	**hie**ös ðö **foh**^{u}ohding ö**dräss**
Meine Wohnadresse haben Sie.	**You have my home address.**	juh hæw mei hoo^{u}m ö**dräss**
Es war ein sehr angenehmer Aufenthalt.	**It's been a very enjoyable stay.**	itss bien ö **wä**rri ind**ʒeu**öböl sstä^{i}

TRINKGELD, 3. Umschlagseite

Camping *Camping*

Zelt- und Campingplätze (auch für Wohnwagen) gibt es überall im Land verstreut, allerdings außerhalb der Stadtzentren und mit Vorzug in Küstengebieten.

Gibt es in der Nähe einen Campingplatz?	**Is there a camp site near here?**	is **ðä**ör ö kæmp sseit **nie**ö **hie**ö
Können wir hier zelten?	**Can we camp here?**	kæn ^{u}ie kæmp **hie**ö
Haben Sie Platz für ein Zelt/einen Wohnwagen?	**Have you room for a tent/caravan?**	hæw juh ruhm foh ö tänt/**kæ**röwæn
Was kostet es ...?	**What's the charge ...?**	^{u}otss ðö tschahdʒ
pro Tag	**per day**	pö dä^{i}
pro Person	**per person**	pö **pöh**ssön
für ein Auto	**for a car**	fohr ö kah
für ein Zelt	**for a tent**	fohr ö tänt
für einen Wohnwagen	**for a caravan**	fohr ö **kæ**röwæn
Ist die Kurtaxe inbegriffen?	**Is tourist tax included?**	is **tuh**risst tækss in**kluh**did
Gibt es ...?	**Is there ...?**	is **ðä**ö
Restaurant	**a restaurant**	ö **räss**töröntt
Schwimmbad	**a swimming pool**	ö **ss^{u}im**ming puhl
Spielplatz	**a playground**	ö **plä^{i}**graund
Stromanschluß	**electricity**	äläk**tri**ssitie
Trinkwasser	**drinking water**	**drin**king **^{u}oh**tö
Gibt es Einkaufsmöglichkeiten?	**Are there shopping facilities?**	ah **ðä**ö **scho**pping fö**ssi**lities
Wo sind die Duschen/Toiletten?	**Where are the showers/toilets?**	**^{u}ä**ö rah ðö **schau**ös/ **teu**littss
Wo bekomme ich Butangas?	**Where can I get butane gas?**	**^{u}ä**ö kæn ei gätt **bjuh**tä^{i}n gæss
Gibt es in der Nähe eine Jugendherberge?	**Is there a youth hostel near here?**	is **ðä**ör ö juθ **hoss**töl **nie**ö **hie**ö

NO CAMPING	**NO CARAVANS**
ZELTEN VERBOTEN	KEINE WOHNWAGEN

CAMPINGAUSRÜSTUNG, Seite 117

Gaststätten

Buffet (buffä^{i})
Schnellimbiß, hauptsächlich in Bahnhöfen.

Café (kaffä^{i})
Cafés (z.B. die an Landstraßen gelegenen *transport cafés*) bieten einfache, aber preiswerte und nahrhafte englische Küche an.

Coffee house (koffi hauss)
Serviert werden nicht nur Tee, Kaffee und Kuchen, sondern auch Sandwiches und einfache Gerichte.

Fish and chip shop (fisch ænd tschipp schopp)
Hier haben Sie Gelegenheit, die berühmten *fish and chips* (gebackenen Fisch mit Salz und Essig und Pommes frites) zu versuchen – an Ort und Stelle oder, in den meisten Fällen, zum Mitnehmen.

Grill/Grill room (gril/gril ruhm)
Restaurant, das hauptsächlich Grillgerichte serviert.

Hamburger restaurant (hæmböhgö rässtörönt)
Außer Hamburgern stehen oft reichhaltige Salatbüffets zur Wahl.

Pizza restaurant (pietssö rässtörönt)
Italienische Restaurants sind sehr beliebt. In manchen Pizzerias finden Sie auch Salatbüffets.

Pub (pab)
Eigentlich *public house* (pablik hauss): Mittelpunkt des gesellschaftlichen Lebens und vor allem für Bier berühmt (siehe S. 55). Es gibt aber nicht nur Getränke, sondern auch kleine Imbisse und sogar warme Mahlzeiten. Ein *free house* (frie hauss), da nicht im Besitz einer Brauerei (wie die meisten Pubs), verfügt über eine größere Auswahl von Biersorten, darunter auch »kontinentale«.

Restaurant (rässtörönt)
Englische sowie zahlreiche ausländische Restaurants, vor allem chinesische und indische (siehe S. 50), die gewöhnlich gutes und preiswertes Essen anbieten. Beliebt sind auch die türkischen oder griechischen *kebabs* (der Name stammt von den mit Brot und Salat servierten Fleischspießchen).

Sandwich bar (ssænd^{u}itsch bah)
Nur in größeren Städten. Eine verführerische Auswahl von Brotsorten und Belägen (Meeresfrüchte, Salate, Eier usw.).

Snack bar (ssnæk bah)	Imbisse und kleine Erfrischungen.
Steak house (sstä^{i}k hauss)	Steak-Gerichte in vielen Variationen.
Takeaway restaurant (**tä**^{i}**kö**^{u}ä^{i} **rä**sstörönt)	*To take away* heißt »Zum Mitnehmen«. Es gibt vor allem chinesische und indische Restaurants dieser Art.
Tea shop (tie schopp)	Alkoholfreie Gaststätte. Tee, Kaffee, leichte Gerichte.
Vegetarian restaurant (wädʒö**tä**öriön **rä**sstörönt)	Vegetarische Küche wird immer beliebter. Sie erkennen die Restaurants mit fleischloser Kost am grünen »V« im Fenster. Auch einige »gewöhnliche« Restaurants führen vegetarische Gerichte auf dem Speiseplan.
Wine bar (^{u}ein bah)	Neben Wein und anderen alkoholischen Getränken bekommen Sie dort auch belegte Brötchen und kleine Mahlzeiten.

Essenszeiten *Meal times*

Frühstück (*breakfast*—**bräk**fösst): 7–11 Uhr;

Mittagessen (*lunch*—lantsch): 12–14 Uhr;

Abendessen (*dinner*—**di**nnö): 19–22/23 Uhr.

Eßgewohnheiten *Eating habits*

Eine Tasse starken Tees, *early morning tea* (**öh**li **moh**ning tie), hilft beim Aufstehen. Danach haben Sie die Wahl zwischen dem reichlichen englischen Frühstück mit Speck, Eiern, Würstchen usw., Tee und Toast und dem *continental breakfast* (siehe S. 38). Das Mittagessen fällt meist einfach aus. Am Nachmittag (15–17 Uhr) wird der traditionelle *afternoon tea* (**ahf**tönuhn tie - Tee, Gebäck, kleine Imbisse) oder, vor allem im Norden Englands, der *high tea* (hei tie – 16.30–18.30 Uhr, statt dem Abendessen), serviert. Häufig ist aber das mehrere Gänge umfassende *dinner* die Hauptmahlzeit des Tages. Ein leichtes Abendessen heißt *supper* (**sa**ppö).

Die englische Küche *English cuisine*

Es lohnt sich, dem weitverbreiteten schlechten Ruf der englischen Küche zu mißtrauen, Vorurteile über Bord zu werfen und die englische Küche (neu) zu entdecken. Die vielen frischen Zutaten aus dem eigenen Land – Fleisch, Fisch und Meeresfrüchte, Milchprodukte, Gemüse und Früchte – bilden die Grundlagen für schmackhafte Gerichte wie z.B. *roast beef* und *Yorkshire pudding, Lancashire hot-pot* (ein Fleisch-Gemüse-Eintopf) oder *Steak and kidney pie* (Rindfleisch- und Nierenpastete). Englische Süßspeisen sind ebenfalls empfehlenswert: Puddings, Kuchen und Fruchtdesserts gibt es in vielerlei Varianten.

Benutzen Sie auch die Gelegenheit, exotische Speisen zu probieren (Sie finden viele indische und chinesische Spezialitäten).

What would you like?	Was nehmen Sie?
I recommend this.	Ich empfehle Ihnen dies.
What would you like to drink?	Was möchten Sie trinken?
We don't have ...	... haben wir nicht.
Would you like ...?	Möchten Sie ...?

Hungrig? *Hungry?*

Ich habe Hunger/ Durst.	**I'm hungry/ thirsty.**	eim **hanggri/θöhssti**
Können Sie ein gutes Restaurant empfehlen?	**Can you recommend a good restaurant?**	kæn juh räkö**mänd** ö gudd rässtörönt
Gibt es in der Nähe ein preiswertes Restaurant?	**Is there an inexpensive restaurant around here?**	is **ðäö** ön inäks**spänssiw** rässtörönt ö**raund hieö**

Wenn Sie in einem bekannten Restaurant essen möchten, sollten Sie im voraus einen Tisch reservieren lassen.

Reservieren Sie mir bitte einen Tisch für 4 Personen.	**I'd like to reserve a table for 4.**	eid leik tuh ri**söhw** ö **tä**ⁱböl foh 4
Wir kommen um 8 Uhr.	**We'll come at 8.**	ᵘiell kamm æt 8
Könnten wir einen Tisch ... haben?	**Could we have a table ...?**	kudd ᵘie hæw ö **tä**ⁱböl
in der Ecke	**in the corner**	in ðö **koh**nö
am Fenster	**by the window**	bei ðö **ᵘin**dooᵘ
im Freien	**outside**	aut**sseid**
auf der Terrasse	**on the terrace**	**onn** ðö **tä**rröss
in der Nichtraucherecke	**in the non-smoking section**	in ðö non-**ssmooᵘ**king **ssäk**schön

Fragen und Bestellen *Asking and ordering*

Herr Ober/Fräulein, bitte!	**Waiter/Waitress!**	**ᵘä**ⁱtö/**ᵘä**ⁱtröss
Ich möchte gerne etwas essen/trinken.	**I'd like something to eat/drink.**	eid leik **ssam**θing tuh iet/drink
Kann ich bitte die Speisekarte/Getränkekarte haben?	**May I have the menu/ the wine list, please?**	mäⁱ ei hæw ðö **män**juh/ðö ᵘein lisst plies
Haben Sie ein Tagesmenü/lokale Spezialitäten?	**Do you have a set menu/local dishes?**	duh juh hæw ö ssätt **män**juh/**loo**ᵘköl **di**schös
Was empfehlen Sie?	**What do you recommend?**	ᵘott duh juh räkö**mänd**
Was ist das?	**What's that?**	ᵘotss ðæt
Haben Sie vegetarische Gerichte?	**Do you have vegetarian dishes?**	duh juh hæw wädʒö**tä**öriön **di**schös
Ich habe es eilig. Können Sie mich sofort bedienen?	**I'm in a hurry. Can you serve me immediately?**	eim in ö **ha**rri. kæn juh ssöhw mie i**mmi**diötli
Können wir einen Teller für das Kind haben?	**Could we have a plate for the child?**	kudd ᵘie hæw ö pläⁱt foh ðö tscheild
Können wir bitte ... haben?	**Could we have ..., please?**	kudd ᵘie hæw ... plies
Aschenbecher	**an ashtray**	ön **æsch**träⁱ
Gabel	**a fork**	ö fohk

ZAHLEN, Seite 147

Glas	**a glass**	ö glahss
Löffel	**a spoon**	ö sspuhn
Messer	**a knife**	ö neif
Serviette	**a napkin**	ö **næp**kin
Tasse	**a cup**	ö kapp
Teller	**a plate**	ö plä^{i}t
Trinkhalm	**a straw**	ö sstroh
Ich möchte ...	**I'd like some ...**	eid leik ssamm
Brot	**bread**	brädd
Butter	**butter**	**bat**tö
Essig	**vinegar**	**win**nigö
Öl	**oil**	eul
Pfeffer	**pepper**	**päp**pö
Salz	**salt**	ssohlt
Würze	**seasoning**	**ssie**söning
Zucker	**sugar**	**schu**gö
Kann ich noch ein bißchen ... haben?	**Can I have some more ...?**	kæn ei hæw ssamm moh
Nur eine kleine Portion.	**Just a small portion.**	dʒasst ö ssmohl **poh**schön
Nichts mehr, danke.	**Nothing more, thanks.**	**na**θing moh θænkss

Diät *Diet*

Ich muß Diät halten.	**I'm on a diet.**	eim onn ö **dei**öt
Ich darf nichts essen, was ... enthält.	**I mustn't eat food containing ...**	ei **mas**sönt iet fuhd kon**tä**^{i}ning
Alkohol	**alcohol**	**æl**koholl
Fett/Mehl	**fat/flour**	fæt/**flau**ö
Salz/Zucker	**salt/sugar**	ssohlt/**schu**gö
Haben Sie ... für Diabetiker?	**Do you have ... for diabetics?**	duh juh hæw ... foh diö**bä**tikss
Fruchtsaft	**fruit juice**	fruht dʒuhss
Kuchen	**cakes**	kä^{i}kss
Spezialmenü	**a special menu**	ö **sspä**schöl **män**juh
Könnte ich statt dem Nachtisch ... haben?	**Could I have ... instead of dessert?**	kudd ei hæw ... in**städ** ow di**söht**
Kann ich bitte Süßstoff haben?	**Can I have an artificial sweetener, please?**	kæn ei hæw ön ahti**fi**schöl **ss**^{u}**ie**tönö plies

Frühstück *Breakfast*

Falls Ihnen das echt englische Frühstück (*cooked breakfast* - kukt **bräk**fösst) zu ausgiebig oder zu ungewohnt ist, bestellen Sie ein *Continental breakfast* (konti**nen**töl **bräk**fösst).

Ich möchte frühstücken.	**I'd like breakfast, please.**	eid leik **bräk**fösst plies
Ich hätte gern ...	**I'll have ...**	eill hæw
Kaffee	**some coffee**	ssamm **ko**ffie
mit Milch	**with milk**	^{u}ið milk
mit Sahne	**with cream**	^{u}ið kriem
koffeinfrei	**decaffeinated**	di**kæ**finä^{i}tid
schwarz	**without milk**	^{u}i**ðaut** milk
Milch	**some milk**	ssamm milk
heiße/kalte	**hot/cold**	hott/koo^{u}ld
Orangensaft	**some orange juice**	ssamm orröndʒ dʒuhss
(heiße) Schokolade	**(hot) chocolate**	(hott) **tschok**lit
Tee	**some tea**	ssamm tie
mit Milch/Zitrone	**with milk/lemon**	^{u}ið milk/**lä**mön
Brot	**some bread**	ssamm brädd
Brötchen	**some rolls**	ssamm roo^{u}ls
Butter	**butter**	**bat**tö
Eier	**eggs**	äggs
mit Speck	**bacon and eggs**	**bä**^{i}kön ænd äggs
Rührei	**scrambled eggs**	**sskräm**böld äggs
Spiegeleier	**fried eggs**	freid äggs
mit Schinken	**ham and eggs**	hæm ænd äggs
gekochtes Ei	**boiled egg**	beuld ägg
hart/weich	**hard/soft**	hahd/ssoft
Getreideflocken	**cereal**	**ssi**riöl
Haferbrei	**porridge**	**por**ridʒ
Honig	**honey**	**ha**nni
Käse	**cheese**	tschies
Marmelade	**jam**	dʒæm
Orangenmarmelade	**marmalade**	**mah**mölä^{i}d
Toast	**toast**	too^{u}sst
Bringen Sie mir bitte ...	**Could you bring me ..., please?**	kudd juh bring mie ... plies
Pfeffer	**pepper**	**päp**pö
Salz	**salt**	ssohlt
Süßstoff	**artificial sweetener**	ahti**fi**schöl **ss^{u}ie**tönö
(heißes) Wasser	**some (hot) water**	ssamm (hott) **^{u}oh**tö
Zucker	**sugar**	**schu**gö

Was steht auf der Speisekarte? *What's on the menu?*

Unsere Speisekarte ist nach verschiedenen Gängen eingeteilt. Unter jedem Titel finden Sie eine alphabetische Aufstellung der Gerichte auf englisch mit der deutschen Übersetzung. Sie können aber auch dem Kellner das Buch zeigen: Wenn Sie z.B. eine Suppe möchten, legen Sie ihm die entsprechende Liste vor und lassen sich von ihm sagen, was erhältlich ist. Allgemeine Redewendungen finden Sie auf den Seiten 35–37.

Ein Menü besteht gewöhnlich aus drei Gängen: Vorspeise oder Suppe, Hauptgang und Nachtisch oder Käse.

Die Speisekarte lesen *Reading the menu*

Dish of the day	Tagesgericht
Set menu	Tagesmenü
Speciality of the house	Spezialität des Hauses
Home-made	Hausgemacht
Made to order	Nur auf Bestellung
... as a main dish	... als Hauptgang
Side dish	Beilage
When available	Wenn verfügbar
When in season	Während der Saison
Cover charge	Gedeck
Minimum charge*	Mindestkonsumation

beer	**bie**ö	Bier
dessert	dis**öht**	Nachtisch
drinks	drinkss	Getränke
egg dishes	äg **di**schös	Eiergerichte
fish	fisch	Fisch
fruit	fruht	Obst
game	gä^{i}m	Wild
grills	grils	Grillgerichte
meat	miet	Fleisch
pasta	**pah**ssta	Teigwaren
potatoes	po**tä**^{i}too^{u}s	Kartoffeln
poultry	**poo**^{u}**l**tri	Geflügel
rice	reiss	Reis
salads	**ssæ**löds	Salate
sauces	**ssoh**ssis	Soßen
savouries	**ssä**^{i}wöries	Imbisse
seafood	**ssie**fuhd	Meeresfrüchte
snacks	ssnækss	Imbisse
soups	ssuhpss	Suppen
starters	**sstah**tös	Vorspeisen
stews	sstjuhs	Eintopfgerichte
tea	tie	Tee
vegetables	**wädʒ**töböls	Gemüse
wine	^{u}ein	Wein

*In manchen Lokalen wird zu bestimmten Zeiten (gewöhnlich zwischen 12 und 14 Uhr) ein Mindestverzehr verlangt.

Vorspeisen *Starters*

Auf der Speisekarte finden Sie für Vorspeisen die Bezeichnungen *starters* (**sstah**tös) oder *hors d'œuvres* (oh**döhws**).

Ich möchte eine Vorspeise.	**I'd like some hors d'œuvre.**	eid leik ssamm oh**döhw**
Was empfehlen Sie?	**What do you recommend?**	^{u}ott duh juh räko**mänd**

anchovies	**æn**tschöwies	Sardellen
artichoke	**ah**titschoo^{u}k	Artischocke
asparagus tips	öss**pær**ögöss tipss	Spargelspitzen
assortment of starters	ös**soht**mönt ow **sstah**tös	verschiedene Appetithäppchen
avocado	æwö**kah**doo^{u}	Avocado
caviar	**kæ**wiah	Kaviar
celery	**ssäl**löri	Sellerie
cold cuts	koo^{u}ld katss	gemischter Aufschnitt
crab cocktail	kræb **kok**tä^{i}l	Krabbencocktail
cucumber	**kjuh**kambö	Gurke
devilled eggs	**däw**wild ägs	Pfeffereier
eggs	ägs	Eier
hard-boiled	**hahd**beuld	hartgekocht
fruit juice	fruht dʒuhss	Fruchtsaft
grapefruit	**grä^{i}p**fruht	Pampelmuse
orange	**or**rindʒ	Apfelsine
(half a) grapefruit	(hahf ö) **grä^{i}p**fruht	(eine halbe) Pampelmuse
ham	hæm	Schinken
herring	**här**ring	Hering
marinated herring	**mæ**rinä^{i}tid **här**ring	eingelegter Hering
smoked herring	ssmoo^{u}kt **här**ring	Räucherhering
kipper	**kip**pö	Bückling, Räucherhering
liver sausage	**liw**wö **ssos**sidʒ	Leberwurst
lobster	**lob**sstö	Hummer
mackerel	**mæ**kröl	Makrele
soused mackerel	ssausst **mæ**kröl	marinierte Makrele
mayonnaise	mä^{i}jö**nä^{i}s**	Mayonnaise
melon	**mäl**lön	Melone
mushrooms	**masch**ruhms	Pilze
mussels	**mas**söls	Muscheln
olives	**ol**liws	Oliven
stuffed olives	sstaft **ol**liws	gefüllte Oliven

omelette	**om**löt	Omelett
oysters	**eu**sstös	Austern
pâté	**pæ**tä^{i}	Pastete
pickled tongue	**pi**kköld tang	marinierte Zunge
prawns	prohns	Steingarnelen
radishes	**ræ**dischis	Rettich
rollmops (herrings)	**roo^{u}l**mopss (**hä**rrings)	Rollmops
salmon	**ssæ**mön	Lachs
smoked salmon	ssmoo^{u}kt **ssæ**mön	Räucherlachs
sardines	ssah**diens**	Sardinen
shrimps	schrimpss	Krevetten
snails	ssnä^{i}ls	Schnecken
tomato juice	tö**mah**too^{u} dʒuhss	Tomatensaft
tuna	**tjuh**nö	Thunfisch

Spezialitäten *Specialities*

angels on horseback (**ä^{i}n**dʒöls onn **hohss**bæk) »Engel zu Pferde«: in Speckscheiben gewickelte Austern, gegrillt und auf Toast serviert.

fish pie (fisch pei) leichte Fischpastete

jellied eels (**dʒä**llid **iels**) Aal in Aspik

potted shrimps (**po**ttid schrimpss) in Butter eingemachte Krevetten

Salat *Salad*

Salat wird zum Hauptgang oder als eigenständige Mahlzeit serviert.

Ich möchte einen Salat, bitte.	**I'd like some salad.**	eid leik ssamm **ssæ**löd
green salad	grien **ssæ**löd	grüner Salat
tomato salad	to**mah**too^{u} **ssæ**löd	Tomatensalat

Die gebräuchlichsten Salatsoßen sind:

blue cheese dressing (bluh tschies **drä**ssing) mit Blauschimmelkäse

French dressing (fräntsch **drä**ssing) mit Essig und Öl

Thousand Island dressing (**θau**sönd **ei**lönd **drä**ssing) auf Mayonnaise-Basis, mit Chili, Paprika, Petersilie (leicht scharf)

Suppen und Eintopfgerichte *Soups and stews*

Suppen erfreuen sich großer Beliebtheit in Großbritannien. Gaststätten, die nicht eine – zumindest bescheidene – Auswahl an Suppen anbieten, sind eher rar.

Ich hätte gern eine Suppe.	**I'd like some soup.**	eid leik ssamm ssuhp
Was empfehlen Sie?	**What do you recommend?**	^{u}ott duh juh räkö**mänd**

beef consommé	bief kon**sso**mä^{i}	Rindfleischbrühe
broth	broθ	Fleischbrühe
chicken consommé	**tschik**kön kon**sso**mä^{i}	Hühnerbrühe
chicken noodle soup	**tschik**kön **nuh**döl ssuhp	Nudelsuppe mit Huhn
cock-a-leekie	kokkö**lie**ki	Geflügel-Lauchcreme
crab soup	kræb ssuhp	Krabbensuppe
crayfish bisque	**krä**^{i}fisch **bissk**	Krebssuppe
cream of asparagus soup	kriem ow ös**spæ**rögöss ssuhp	Spargelcremesuppe
cream of celery soup	kriem ow **ssä**llöri ssuhp	Selleriecremesuppe
cream of mushroom soup	kriem ow **masch**ruhm ssuhp	Pilzcremesuppe
French onion soup	fräntsch **an**jön ssuhp	französische Zwiebelsuppe
game soup	gä^{i}m ssuhp	Wildsuppe mit Gemüse
lobster soup	**lob**sstö ssuhp	Hummersuppe
mockturtle soup	mokk**töh**töl ssuhp	falsche Schildkrötensuppe (aus Kalbskopf)
mulligatawny soup	maligö**too**ni ssuhp	Currysuppe mit Gemüse, Fleisch, Reis und Äpfeln
mussel soup	**mas**söl ssuhp	Muschelsuppe
oxtail soup	**oks**stä^{i}l ssuhp	Ochsenschwanzsuppe
pea soup	**pie** ssuhp	Erbsensuppe
Scotch broth	sskotsch broθ	Lammfleischbrühe mit Gemüse
soup of the day	ssuhp ow ðö dä^{i}	Tagessuppe
spinach soup	**sspi**nnitsch ssuhp	Spinatsuppe
tomato soup	to**mah**too^{u} ssuhp	Tomatensuppe
vegetable soup	**wädʒ**töböl ssuhp	Gemüsesuppe
vegetable beef soup	**wädʒ**töböl bief ssuhp	Fleischbrühe mit Gemüseeinlage

Fisch und Meeresfrüchte *Fish and seafood*

Ich möchte Fisch.	**I'd like some fish.**	eid leik ssamm fisch
Was für Meeresfrüchte haben Sie?	**What kind of seafood do you have?**	^{u}ott keind ow **ssie**fuhd duh juh hæw

anchovies	**æn**tschöwies	Sardellen
clams	klæms	Venusmuscheln
cockles	**ko**kköls	Herzmuscheln
cod	kodd	Kabeljau (gesalzen)
crab	kræb	Krabbe
crayfish	**krä^{i}**fisch	Krebs
eel	iel	Aal
flounder	**flaun**dö	Flunder
haddock	**hæ**dök	Schellfisch
halibut	**hæ**liböt	Heilbutt
herring	**hä**rring	Hering
lobster	**lob**sstö	Hummer
mackerel	**mæ**kröl	Makrele
(red) mullet	(rädd) **ma**llit	(rote) Meerbarbe
mussels	**ma**ssöls	Miesmuscheln
oysters	**eu**sstös	Austern
perch	pöhtsch	Flußbarsch, Egli
pike	peik	Hecht
plaice	plä^{i}ss	Scholle, Goldbutt
prawns	prohns	Steingarnelen
scallops	**sskæ**llöpss	Kammuscheln
shrimps	schrimpss	Krevetten
sole	ssoo^{u}l	Seezunge
squid	ssk^{u}idd	Tintenfisch
trout	traut	Forelle
tuna	**tjuh**nö	Thunfisch
turbot	**töh**böt	Steinbutt
whiting	^{u}**ei**ting	Wittling

(im Ofen) gebacken	**baked**	bä^{i}kt
gebraten	**fried**	freid
im schwimmenden Fett gebraten	**deep fried**	**diep** freid
gegrillt	**grilled**	grild
geräuchert	**smoked**	ssmoo^{u}kt
geschmort	**stewed**	sstjuhd
paniert	**breaded**	**brä**ddöd
pochiert	**poached**	poo^{u}tscht

Fleisch *Meat*

Die Engländer schätzen ganz besonders das schottische Rindfleisch (daher das berühmte Roastbeef) und das ausgezeichnete Lammfleisch, das gerne mit Minzsoße gegessen wird.

Ich möchte ...	**I'd like some ...**	eid leik ssamm
Hammelfleisch	**mutton**	**mat**tön
Kalbfleisch	**veal**	wiel
Lammfleisch	**lamb**	læm
Rindfleisch	**beef**	bief
Schweinefleisch	**pork**	pohk

bacon	**bä**^{i}kön	Speck
beef olives	bief **oliws**	Rindsrouladen
beef royal	bief **ro**jöl	Rindfleisch in Gelee
beefpie	**bief**pei	Rindfleischpastete
black pudding	blæk **pud**ding	Blutwurst (v.a. im Norden)
chitterlings	**tschit**tölings	Schweinskaldaunen, -kutteln
chop	tschopp	Kotelett
cutlet	**kat**lätt	Kotelett
escalope	**äss**kölop	dünnes Kalbschnitzel
gammon	**gæ**mön	gepökeltes Schweinefleisch
(smoked) ham	(ssmoo^{u}kt) hæm	(geräucherter) Schinken
kidneys	**kid**nis	Nieren
larded roast	**lah**did roo^{u}sst	gespickter Braten
leg	lägg	Keule
liver	**li**wö	Leber
loin	leun	Lende
meatballs	**miet**bohls	Fleischklößchen
minced meat	minsst miet	Hackfleisch
oxtail	**okss**tä^{i}l	Ochsenschwanz
pig's head/trotters	pigs hädd/**trot**tös	Schweinskopf/ -hachse
Porterhouse steak	**poh**töhauss sstä^{i}k	dickes, zartes Rindersteak
pot roast	pott roo^{u}sst	Schmorbraten
roast beef	roo^{u}sst bief	Rinderbraten
saddle	**ssæ**döl	Rücken
sausage	**sso**ssidʒ	Würstchen
shank	schænk	Hachse

sirloin	**söh**leun	Rindslende
sucking pig	**ssa**kking pigg	Spanferkel
sweetbreads	**ss^{u}iet**bräds	(Kalbs-)Bries
tenderloin	**tän**döleun	Rinds- oder Schweinelende
tongue	tang	Zunge

im Ofen gebacken	**baked**	bä^{i}kt
als Braten	**roast**	roo^{u}sst
gebraten	**fried**	freid
gedünstet	**stewed**	sstjuhd
gefüllt	**stuffed**	sstaft
gegrillt	**grilled**	grild
gehackt	**minced**	minsst
gekocht	**boiled**	beuld
geschmort	**braised**	brä^{i}sd
gespickt	**larded**	**lah**did
über Holzfeuer gegrillt	**barbecued**	**bah**bökjuhd
kalt	**cold**	koo^{u}ld
als Ragout	**stewed**	sstjuhd
fast roh	**underdone**	andö**dann**
mittel	**medium**	**mie**djöm
durchgebraten	**well-done**	**^{u}äll**dann

Typische Fleischgerichte *Typical meat dishes*

Irish stew (**ei**risch sstjuh)
Eintopf aus Hammelfleisch, Kartoffeln und Zwiebeln

Lancashire hot-pot (**læn**köschö **hott**pott)
Eintopf aus Lammkoteletts und -nieren, Kartoffeln und Zwiebeln

Shepherd's pie (**schä**ppöds pei)
gehacktes Rind- oder Lammfleisch mit Zwiebeln und einer Lage Kartoffelpüree, im Ofen gebacken

steak and kidney pie (sstä^{i}k ænd **kid**ni pei)
Rindfleisch- und Nierenpastete

toad in the hole (too^{u}d in ðö hoo^{u}l)
Schweinswürste, in einer Form mit Teig gebacken

Die traditionelle Beilage zu *roast beef* ist:

Yorkshire pudding (**johk**schö **pud**ding)
wellenförmig gebackener Eierteig, in Vierecke geschnitten und heiß serviert

Wild und Geflügel *Game and poultry*

Der »große Zwölfte« (im August) ist für den britischen Jäger das wichtigste Datum, denn es bedeutet die Eröffnung der Jagd auf das überaus geschätzte Moorhuhn; sein Fleisch hat einen ausgeprägteren Geschmack als das des Fasans.

capon	**kä**^{i}pön	Kapaun
chicken	**tschi**kkön	Huhn
barbecued chicken	**bah**bökjuhd **tschi**kkön	Hähnchen vom Grill
roast chicken	roo^{u}sst **tschi**kkön	Brathähnchen
duck	dakk	Ente
duckling	**dakk**ling	junge Ente
game pie	gä^{i}m pei	Wildpastete
goose	guhss	Gans
grouse	grauss	schottisches Moorhuhn
guinea fowl	**gi**nni faul	Perlhuhn
hare	**häö**	Hase
jugged hare	dʒagd **häö**	Hasenpfeffer
partridge	**pah**tridʒ	Rebhuhn
pheasant	**fä**sönt	Fasan
pigeon	**pi**dʒön	Taube
quail	k^{u}ä^{i}l	Wachtel
rabbit	**ræ**bit	Kaninchen
teal	tiel	Krickente
turkey	**töh**ki	Truthahn
venison	**wä**nissön	Reh, Hirsch
wild boar	^{u}eild boh	Wildschwein
woodcock	^{u}**udd**kokk	Waldschnepfe

Spezialitäten *Specialities*

grouse and chicken pie (**grauss** ænd tschikkön pei)	Geflügelpastete aus Moorhuhn, Huhn, Zwiebeln, Rotwein und Gewürzen
partridge pie (**pah**tridʒ pei)	Rebhuhn und gehacktes Kalb- und Schweinefleisch, in Pastetenteig gebacken, gut gewürzt
pheasant roast (**fä**sönt **roo**^{u}**sst**)	Fasan, gefüllt mit schmackhafter Mischung aus Äpfeln, Butter, Zitronensaft, Zwiebeln, Olivenöl und Gewürzen. Wird mit gesalzenem Schweinefleisch oder Schinkenspeck belegt und gebraten

Gemüse *Vegetables*

Was für Gemüse haben Sie?	**What vegetables do you have?**	^{u}ott **wädʒ**töböls duh juh hæw
artichoke	**ah**titschoo^{u}k	Artischocke
asparagus (tips)	**össpæ**rögöss (tipss)	Spargel(spitzen)
aubergine	**oo^{u}**böhdʒien	Aubergine
beetroot	**biet**ruht	rote Bete
broccoli	**bro**kkoli	Brokkoli
Brussel sprouts	**bra**ssöl ssprautss	Rosenkohl
cabbage	**kæ**bidʒ	Kohl
carrots	**kæ**rötss	Mohrrüben, Karotten
cauliflower	**koh**liflauö	Blumenkohl
celery	**ssä**llöri	Sellerie
chicory	**tschi**kköri	Chicorée
cucumber	**kjuh**kambö	Gurke
endive	**än**deiw	Endivie
fennel	**fä**nnöl	Fenchel
French beans	fräntsch biens	grüne Bohnen
gherkins	**göh**kins	Gewürzgurken
leeks	liekss	Lauch
lentils	**län**tils	Linsen
lettuce	**lä**ttöss	Lattich
mixed vegetables	miksst **wädʒ**töböls	gemischtes Gemüse
mushrooms	**masch**rums	Pilze
onions	**an**jöns	Zwiebeln
peas	pies	Erbsen
peppers	**pä**ppös	Paprikaschoten
potatoes	po**tä^{i}**too^{u}s	Kartoffeln
pumpkin	**pamp**kin	Kürbis
radishes	**ræ**dischös	Radieschen
spinach	**sspi**nätsch	Spinat
sweetcorn	**ss^{u}iet**kohn	Mais
tomatoes	to**mah**too^{u}s	Tomaten
turnips	**töh**nipss	Kohlrüben

gebacken	**baked**	bä^{i}kt
gebraten	**fried**	freid
gedämpft	**steamed**	sstiemd
gefüllt	**stuffed**	sstaft
gegrillt	**grilled**	grild
gekocht	**boiled**	beuld
geröstet	**roasted**	**roo^{u}**sstid
gewürfelt	**diced**	deisst
püriert	**creamed**	kriemd

Kräuter und Gewürze *Herbs and spices*

aniseed	ænissied	Anis
basil	**bæ**sil	Basilikum
bay leaf	bä^{i} lief	Lorbeer
capers	**kä^{i}**pös	Kapern
caraway	**kæ**rö^{u}ä^{i}	Kümmel
chives	tscheiws	Schnittlauch
cinnamon	**ssi**nnömön	Zimt
dill	dill	Dill
garlic	**gah**lik	Knoblauch
ginger	**dʒin**dʒö	Ingwer
horseradish	**hohss**rædisch	Meerrettich
mint	mint	Minze
paprika	**pæ**prikö	Paprika
parsley	**pahss**li	Petersilie
pepper	**pä**ppö	Pfeffer
rosemary	**roo^{u}s**möri	Rosmarin
saffron	**ssæ**ffrön	Safran
sage	ssä^{i}dʒ	Salbei
salt	ssohlt	Salz
thyme	teim	Thymian

Soßen *Sauces*

bread sauce (brädd ssohss)	dicke weiße Soße aus Milch, Zwiebeln, Gewürzen, Semmelbröseln; wird zu Wild oder Geflügel serviert
chutney (**tschatt**ni)	indischen Ursprungs; aus Äpfeln, Zwiebeln, verschiedenen Gewürzen, Essig, Zucker
Cumberland sauce (**kam**bölænd ssohss)	zu Wild, Geflügel oder Lamm; aus Orangen- und Zitronensaft und -schalen, Essig, Senf, rotem Johannisbeergelee und Gewürzen
gooseberry sauce (**guhs**böri ssohss)	Stachelbeersoße; zu Makrelen, Schweinefleisch oder Gans
mint sauce (mint ssohss)	aus gehackter Minze, Essig und Zucker; Beilage zu Lammfleisch
Worcester Sauce (^{u}**uhs**stö ssohss)	süß-saure Soße aus Essig, Sojasoße und verschiedenen Gewürzen; wird z.B. Suppen beigefügt

Teigwaren, Reis, Kartoffeln *Pasta, rice, potatoes*

chips*	tschippss	Pommes frites
macaroni	mækö**roo**^{u}ni	Makkaroni
macaroni cheese	mækö**roo**^{u}ni tschies	Käse-Nudel-Auflauf
pasta	**pah**ssta	Teigwaren, Nudeln
potatoes	po**tä**^{i}too^{u}s	Kartoffeln
baked	bä^{i}kt	gebackene
fried	freid	Brat-
mashed	mæscht	Kartoffelpüree
rice	reiss	Reis
boiled	beuld	gekochter
fried	freid	gebratener

Einige exotische Gerichte *Some exotic dishes*

Indische Küche ist preiswert und gut, kann aber sehr scharf sein; verlangen Sie zur Sicherheit *not too hot* (nott tuh hott) - nicht zu scharf!

Merken Sie sich die drei folgenden Currysorten (die, in Soße, mit Fleisch oder Geflügel kombiniert werden):

Korma	milder Curry mit Joghurt
Madras	scharfer Curry
Vindaloo	sehr scharfer Curry

Weitere indische Gerichte:

tandoori chicken (tæn**duh**ri **tschi**kkön)	Huhn in Marinade, mit Chili, Joghurt und Gewürzen
Biriani (bir**jah**ni)	gelber Safranreis mit Linsen-Curry-Soße

Chinesische Spezialitäten:

pork and bamboo shoots (pohk ænd **bæm**buh schuhtss)	Schweinefleisch und Bambussprossen

Fleisch oder Geflügel werden oft *sweet and sour* (süß-sauer) serviert; als Beilagen eignen sich *chow mein*, gebratene Nudeln, oder *special fried rice* (gebratener Reis mit Erbsen).

---

* Auch die amerikanische Bezeichnung *french fries* (fräntsch freis) wird verwendet.

Käse *Cheese*

In den vornehmen Restaurants finden Sie fast alle französischen Käsesorten sowie importierten Käse aus der Schweiz, Holland und Dänemark. Aber probieren Sie auch englischen Käse, er schmeckt vorzüglich!

Caerphilly (käfilli)	von weißer, halbweicher, flockiger Beschaffenheit; schmeckt frisch am besten, sollte nicht zu alt werden (Wales)
Cheddar (tschäddö)	fetter, orangegelber Hartkäse; schmeckt am besten reif
Cheshire (tschäschö)	einer der bekanntesten englischen Käse: mild, von rötlich-goldener Färbung, krümeliger Beschaffenheit und mit leicht salzigem Geschmack
Double Gloucester (daböl glosstö)	berühmter englischer Hartkäse; goldgelb und kräftig im Geschmack
Leicester (lässtö)	rötlicher, milder Käse
Sage Derby (ssä^{i}dʒ döhbi)	fester weißer, mit Salbei durchzogener Käse
Stilton (sstiltön)	englischer Edelpilzkäse: *blue Stilton* ist blaugeädert und scharf, *white Stilton* weiß und mild. Seine beste Zeit: zwischen November und April
Wensleydale (^{u}änslidä^{i}l)	cremiger weißer oder blaugeäderter Käse

Ein paar Spezialitäten:

Caerphilly pudding (käfilli pudding)	Caerphilly, mit Milch, Ei, Butter und Brotkrumen im Rohr gebacken
Cheese with ale (tschies ^{u}ið ä^{i}l)	Gloucester, ein milder Käse, mit Bier und Senf gemischt, erhitzt und auf Schwarzbrot serviert
Cheese savoury (tschies ssä^{i}wöri)	geriebener Cheddar mit Milch, Butter und Bier gemischt und erwärmt, auf Toast

... und verschiedene »Käseeigenschaften«:

crumbly	krambli	krümelig, bröcklig
curd	köhd	frisch
mild	meild	mild
mature	mötjuhö	reif

Obst/Früchte *Fruit*

Haben Sie frisches Obst?	**Do you have any fresh fruit?**	duh juh hæw **ä**nni fräsch fruht
Ich hätte gern einen Obstsalat.	**I'd like a fruit salad.**	eid leik ö fruht **ssæ**löd

almonds	**ah**mönds	Mandeln
apple	**æ**pöl	Apfel
apricots	**ä^{i}**prikotss	Aprikosen
banana	bö**nah**nö	Banane
bilberries	**bil**böris	Heidel-, Blaubeeren
blackberries	**blæk**böris	Brombeeren
black currants	blæk **ka**rröntss	schwarze Johannisbeeren
blueberries	**bluh**böris	Heidel-, Blaubeeren
cherries	**tschä**rris	Kirschen
chestnuts	**tschäss**natss	Eßkastanien
coconut	**koo^{u}**könat	Kokosnuß
dates	dä^{i}tss	Datteln
dried fruit	dreid fruht	Backobst
figs	figs	Feigen
gooseberries	**guhs**böris	Stachelbeeren
grapefruit	**grä^{i}p**fruht	Grapefruit
grapes	grä^{i}pss	Weintrauben
hazelnuts	**hä^{i}**sölnatss	Haselnüsse
lemon	**lä**mmön	Zitrone
lime	leim	Limone
melon	**mä**llön	Melone
nectarine	**näk**törien	Nektarine
orange	**o**rröndʒ	Apfelsine, Orange
peach	pietsch	Pfirsich
peanuts	**pie**natss	Erdnüsse
pear	**pä**ö	Birne
pineapple	**pein**æpöl	Ananas
plum	plamm	Pflaume
prunes	pruhns	Backpflaumen
quince	k^{u}inss	Quitte
raisins	**rä^{i}**söns	Rosinen
raspberries	**rahs**böris	Himbeeren
red currants	rädd **ka**rröntss	Johannisbeeren
rhubarb	**ruh**bahb	Rhabarber
strawberries	**sstroh**böris	Erdbeeren
sultanas	ssal**tah**nös	Sultaninen
tangerine	tændʒö**rien**	Mandarine
walnuts	**^{u}ohl**natss	Walnüsse
watermelon	**^{u}oh**tömallön	Wassermelone

Nachtisch *Dessert*

Ich hätte gern einen Nachtisch.	**I'd like a dessert, please.**	eid leik ö di**söht** plies
Etwas Leichtes, bitte.	**Something light, please.**	**ssamm**θing leit plies
Ich möchte... probieren.	**I'd like to try...**	eid leik tuh trei
Nur eine kleine Portion.	**Just a small portion.**	dʒasst ö ssmohl **poh**schön
Nein danke, nichts mehr.	**Nothing more, thanks.**	**na**θing moh θænkss

Empfehlenswert sind folgende Nachspeisen:

apple crumble (æpöl **kram**böl)
Apfeltorte mit Streusel aus Rohzucker, Zimt und Butter

blackberry and apple pie (**blæk**böri ænd **æ**pöl pei)
Brombeer- und Apfelkuchen

Christmas pudding (**kriss**möss **pu**dding)
Weihnachtspudding aus getrockneten Früchten, Paniermehl, Gewürzen; manchmal flambiert

fools (fuhls)
erfrischende leichte Fruchtkrems, unter denen die *gooseberry fool* (**guhs**böri fuhl – Stachelbeerkrem) einen besonderen Rang einnimmt

fruit sundae (fruht **ssan**däⁱ)
Eisbecher mit Früchten und Schlagsahne

treacle tart (**trie**köl taht)
Melasse-Torte

trifle (**trei**föl)
in Sherry oder Branntwein getunkte Biskuitmasse mit Mandeln, Marmelade, Schlagsahne oder Eierkrem

spotted dick (ss**pot**töd dikk)
Rindertalgpudding mit Rosinen

summer pudding (**ssam**mö **pu**dding)
in Beeren(saft) eingelegtes Weißbrot; gekühlt und oft mit Rahm serviert

syllabub (**ssil**löbab)
Wein oder Bier, Zucker und verschiedene Geschmackszutaten werden erwärmt, mit Schlagsahne vermengt und kaltgestellt.

Und ein paar weitere Vorschläge:

apple pie	**æ**pöl pei	Apfelkuchen
blancmange	blö**mondʒ**	Milchpudding mit Mandeln und Zucker
creme caramel	kräm **kæ**römöl	Karamelpudding
cheesecake	**tschies**käⁱk	Käsekuchen
cherry pie	**tschä**rri pei	Kirschkuchen
chocolate pudding	**tschok**lit **pu**dding	Schokoladenpudding
cream	kriem	Rahm, Sahne
whipped cream	ᵘipt kriem	Schlagsahne
custard	**kass**töd	Vanillesoße
doughnut	**dooᵘ**nat	Berliner Pfannkuchen
flan	flæn	Obst-/Käsekuchen
fritters	**fri**ttös	Krapfen
fruit salad	fruht **ssæ**löd	Obstsalat
ice-cream	**eiss**kriem	Speiseeis
jelly	**dʒä**lli	Früchtegelee mit künstlichem Aroma
lemon meringue pie	**lä**mmön mö**ræng** pei	Zitronentorte mit Meringenbelag
meringue	mö**ræng**	Baiser, Meringe
pancake	**pæn**käⁱk	Pfannkuchen
pastry	**päⁱss**tri	Gebäck
peaches (and cream)	**pie**tschis (ænd kriem)	Pfirsiche (mit Sahne)
rice-pudding	**reiss**pudding	Reispudding
sponge cake	sspondʒ käⁱk	Biskuitkuchen
tapioca pudding	tæpi**ooᵘ**kö **pu**dding	Tapiokapudding
tart	taht	Obstkuchen
waffles	ᵘ**o**fföls	Waffeln

... und nicht zu vergessen das vorzügliche Speiseeis (*ice-cream* – **eiss**kriem):

chocolate	**tschok**lit	Schokolade
coffee	**ko**ffi	Mokka
lemon	**lä**mmön	Zitrone
orange	**o**rröndʒ	Apfelsine
pistachio	piss**tah**schjooᵘ	Pistazie
raspberry	**rahs**böri	Himbeer
strawberry	**sstroh**böri	Erdbeer
vanilla	wö**ni**llö	Vanille

Getränke *Drinks*

Bier *Beer*

Nach Tee ist Bier das wohl beliebteste Getränk in Großbritannien. Es ist nichts Ungewöhnliches, in einem Pub eine Auswahl von mindestens zwanzig verschiedenen Sorten zu finden.

Stout (sstaut) ist ein dunkles Starkbier (bekannteste Marke: das irländische Guinness); *bitter* (**bi**ttö) ist sehr beliebt und hat einen charakteristischen Hopfengeschmack; *mild* (meild) ist rötlich-braun in der Farbe und süßlich; *lager* (**lah**gö) ist ein helles Exportbier. Ob *bitter* oder *mild,* Bier wird ohne Schaum und nur selten eisgekühlt serviert.

Ale ist eine alte englische Bezeichnung für alle Spirituosen mit Malzzusatz; als später Hopfen dazukam und der Geschmack würziger wurde, sprach man von *beer.*

Sie haben die Auswahl zwischen Flaschenbier (*bottled beer* – **bo**ttöld **bie**ö) und Faßbier (*draught beer* – drahft **bie**ö). Letzteres wird in *pints* (peintss; 1 *pint* = ca. 0,6 l) oder *half-pints* (**hahf**peintss; ca. 0,3 l) ausgeschenkt.

Was möchten Sie trinken?	**What would you like to drink?**	^{u}ott ^{u}udd juh leik tuh drink
Ich hätte gern ein Bier.	**I'd like a beer, please.**	eid leik ö **bie**ö plies
Nehmen Sie ein Bier!	**Have a beer!**	hæw ö **bie**ö
Bitte 2 Lagerbier.	**2 lagers, please.**	2 **lah**gös plies
Eine Flasche helles Bier, bitte.	**A bottle of light ale, please.**	ö **bo**ttöl ow leit ä^{i}l plies
Eine *pint* vom milden, bitte.	**A pint of mild, please.**	ö peint ow meild plies

Achtung: *ginger ale* (**dʒin**dʒö ä^{i}l) bzw. *ginger beer* (**dʒin**dʒö **bie**ö) hat mit Bier nichts zu tun, sondern ist ein alkoholfreies oder nur ganz leicht alkoholisches Getränk mit Ingwergeschmack.

Wein *Wine*

Die Engländer hatten schon immer eine Schwäche für Bordeauxweine, die sie *claret* (**klæ**röt) nennen. Gute Weine aus Frankreich, Deutschland, Italien, Spanien, Portugal und Jugoslawien sind leicht erhältlich, vor allem in den *wine bars* (siehe S. 34). Auch der einheimische Weinbau macht Fortschritte. Bevorzugte Anbaugebiete liegen natürlich im Süden, doch gedeiht die Weinrebe auch in nördlicheren Breitengraden, z.B. in Lincolnshire. Oft ist der *house wine* (in Restaurants) am besten.

Kann ich bitte die Weinkarte haben?	**May I have the wine list, please?**	mä^{i} ei hæw ðö ^{u}ein lisst plies
Ich möchte ...	**I'd like ... of ...**	eid leik ... ow
Flasche	**a bottle**	ö **bot**töl
halbe Flasche	**half a bottle**	hahf ö **bot**töl
Karaffe	**a carafe**	ö kö**rahf**
kleine Karaffe	**a small carafe**	ö ssmohl kö**rahf**
Glas	**a glass**	ö glahss
Ich möchte eine Flasche Weißwein/ Rotwein.	**I'd like a bottle of white wine/ red wine.**	eid leik ö **bot**töl ow ^{u}eit ^{u}ein/ rädd ^{u}ein
Wieviel kostet eine Flasche ...?	**How much is a bottle of ...?**	hau matsch is ö **bot**töl ow
Bringen Sie mir noch eine Flasche/ ein Glas ...	**Please bring me another bottle/ glass of ...**	plies bring mie ö**na**ðö **bot**töl/ glahss ow

rot	**red**	rädd
weiß	**white**	^{u}eit
rosé	**rosé**	»rosé«
süß	**sweet**	ss^{u}iet
trocken	**dry**	drei
moussierend	**sparkling**	**sspahk**ling
gekühlt	**chilled**	tschild
Zimmertemperatur	**at room temperature**	æt ruhm **täm**pritschö

Andere alkoholische Getränke *Other alcoholic drinks*

Zum Aperitif trinken die Engländer gerne einen *gin and tonic* (dʒinn ænd **to**nnik), einen *dry martini* (drei mah**ti**nni – trockenen Wermut), eine *bloody Mary* (**bla**ddi **mä**öri – Wodka und Tomatensaft) oder ein bis zwei Gläschen Sherry.

Whisky ist neben Bier das beliebteste alkoholische Getränk Großbritanniens. Wenn Sie einfach einen Whisky bestellen, erhalten Sie normalerweise einen *scotch* (sskotsch – schottischer, Gerstenmalz- und Getreidewhisky gemischt); *Irish whiskey* (**ei**risch **ᵘisski** – irischer Whisky) enthält außer Gerste auch Roggen, Hafer und Weizen und ist etwas milder im Geschmack als schottischer Whisky.

Die Alkoholmenge pro Glas ist gesetzlich festgelegt. Verlangen Sie *a single* (ö **ssing**göl – einen einfachen) oder *a double* (ö **da**bböl – einen doppelten).

Ich möchte einen Whisky.	**A whisky, please.**	ö **ᵘisski** plies
Pur.	**Neat.**	niet
Mit Eiswürfeln, bitte.	**On the rocks, please.**	onn ðö rokss plies
Ich möchte einen doppelten Whisky.	**A double whisky, please.**	ö **da**bböl **ᵘisski** plies
Zwei einfache und einen doppelten Whisky.	**Two singles and a double, please.**	tuh **ssing**göls ænd ö **da**bböl plies
Kognak	**cognac**	**kon**jæk
Likör	**liqueur**	li**kjuh**ö
Portwein	**port**	poht
Rum	**rum**	ramm
Sherry	**sherry**	**schä**rri
Weinbrand	**brandy**	**bræ**ndi
Wermut	**vermouth**	**wöh**möθ
Wodka	**vodka**	**wod**ka
Einen großen Gin-Tonic, bitte.	**Give me a large gin and tonic, please.**	giw mie ö lahdʒ dʒinn ænd **to**nnik plies
Mit ein wenig Soda, bitte.	**Just a dash of soda.**	dʒasst ö dæsch ow **ssooᵘ**dö

Bitte 2 Coca Cola mit Rum.	**I'd like 2 rum and cokes.**	eid leik 2 ramm ænd koo^{u}kss
Ich hätte gern ein Glas Sherry.	**I'd like a glass of sherry.**	eid leik ö glahss ow **schä**rri

CHEERS!
(**tschie**ös)
PROSIT!

Vielleicht kosten Sie auch einmal ein Glas *cider* (**sseidö** – Apfelwein) oder einen *cider cup* (**sseidö** kapp), ein Mischgetränk aus Apfelwein, Gewürzen, Zucker und Eis.

Alkoholfreie Getränke *Nonalcoholic drinks*

Ich hätte gern ...	**I'd like some ...**	eid leik ssamm
Apfelsaft	**apple juice**	**æ**pöl dʒuhss
Eistee	**iced tea**	eisst tie
Fruchtsaft	**fruit juice**	fruht dʒuhss
Ananas	**pineapple juice**	**pein**æpöl dʒuhss
Apfelsinen	**orange juice**	**o**rröndʒ dʒuhss
Pampelmusen	**grapefruit juice**	**grä^{i}p**fruht dʒuhss
Zitronen	**lemon juice**	**lä**mmön dʒuhss
Limonade	**lemonade**	lämö**nä^{i}d**
Mineralwasser	**mineral water**	**mi**nnöröl ^{u}**oh**tö
mit Kohlensäure	**fizzy**	**fi**sie
ohne Kohlensäure	**still**	sstill
Tomatensaft	**tomato juice**	tö**mah**too^{u} dʒuhss
Ich möchte ein ...	**I'd like a ...**	eid leik ö
alkoholfreies Getränk	**soft drink**	ssoft drink
Glas Wasser	**glass of water**	glahss ow ^{u}**oh**tö

Oder versuchen Sie ...

blackcurrant juice	**blæk**karrönt dʒuhss	schwarzer Johannisbeersaft
ginger ale	**dʒin**dʒö ä^{i}l	Ingwerbier
lemon/orange squash	**lä**mmön/**o**rröndʒ ssk^{u}osch	Zitronen-/Orangensaft mit Wasser
lime juice	**leim** dʒuhss	Limettensaft

Tea-time

Tee ist das legendäre englische Nationalgetränk. Überall und fast zu jeder Zeit können Sie eine Tasse Tee bekommen; er ist recht stark und wird mit Milch serviert.

Der *afternoon tea* (**ah**ftönuhn tie – Nachmittagstee) ist ein Überbleibsel aus der guten alten Zeit, als man noch Muße hatte, mitten am Nachmittag Tee zu trinken. Viele Engländer können sich dieses Vergnügen nur noch am Wochenende oder während der Ferien leisten. Hingegen ist die Teepause (*tea-break* – **tie**brä^{i}k) vormittags und nachmittags ein unantastbares Recht für jedermann und wird immer eingehalten.

Fremde sollten den Nachmittagstee in einem alten traditionsreichen Gasthof, Café oder *tea-room* (**tie**ruhm) auf dem Land einnehmen. Er wird dort auf herkömmliche Weise mit drei Gängen serviert: kleinen dreieckig geschnittenen Gurken-, Schinken-, Tomaten- oder Käsesandwiches folgen *muffins* (**ma**ffins) und *scones* (sskons), süße Brötchen, die man mit steifgeschlagener Sahne aus Cornwall oder Devon und mit frischer Erdbeermarmelade bestreicht. Den Abschluß bilden Kuchen und Fruchttörtchen. Selbstverständlich ist in den Häusern, die etwas auf sich halten, alles *home made* (hoo^{u}m mä^{i}d – hausgemacht).

Wir hätten gern Tee für 4 Personen.	**A pot of tea for 4, please.**	ö pott ow tie foh 4 plies
Einen Tee mit Zitrone, bitte.	**A cup of tea with lemon, please.**	ö kapp ow tie ^{u}ið **lä**mmön plies
Keine Milch, bitte.	**No milk, please.**	noo^{u} milk plies
Etwas Zucker, bitte.	**Some sugar, please.**	ssamm **schu**ggö plies
Mit Milch, bitte.	**With milk, please.**	^{u}ið milk plies
Brot	**bread**	brädd
Brötchen	**rolls**	roo^{u}ls
Butter	**butter**	**ba**ttö
Honig	**honey**	**ha**nni
Ingwerkuchen	**gingerbread**	**dʒin**dʒöbrädd
Kuchen	**cake**	kä^{i}k

ZAHLEN, Seite 147

Makronen	**macaroons**	mækö**ruhns**
Marmelade	**jam**	dʒæm
Obstkuchen	**fruit cake**	**fruht** kä^{i}k
Orangenmarmelade	**marmalade**	**mah**mölä^{i}d

Weitere Leckerbissen zum Tee sind:

Bakewell tart (**bä^{i}k^{u}**äll taht)	im Ofen gebackener, mit Marmelade, Mandeln, Butter und Zucker bestrichener Teig, der heiß mit Sahne serviert wird (Wales)
bread and butter pudding (brädd ænd **bat**tö **pu**dding)	altes Brot mit Rosinen und kandierten Früchten, in einem Guß aus Milch, Zucker, Zimt und Eiern gebacken
buns (bans)	süße Brötchen mit Gewürzen und Rosinen
crumpets (**kram**pätss)	Hefegebäck, warm mit Butter serviert
shortbread (**schoht**brädd)	mürbes Gebäck (Schottland)

Kaffee *Coffee*

Ich möchte eine Tasse Kaffee, bitte.	**I'd like a cup of coffee, please.**	eid leik ö kapp ow **ko**ffi plies
Eiskaffee	**iced coffee**	eisst **ko**ffi
Espresso	**espresso coffee**	äss**prä**ssoo^{u} **ko**ffi
Milchkaffee	**white coffee**	^{u}eit **ko**ffi
schwarzer Kaffee	**black coffee**	blæk **ko**ffi

... und für kalte Tage:

Irish coffee (**ei**risch **ko**ffi)	starker, schwarzer Kaffee mit Zucker, irischem Whisky und Sahne

Milch und Sahne *Milk and cream*

cream	kriem	Sahne
double cream	dabl kriem	fette Sahne
single cream	**ssing**göl kriem	dünne Sahne
sour cream	**ssau**ö kriem	saure Sahne
whipped cream	^{u}ippt kriem	Schlagsahne
milk	milk	Milch
skimmed milk	sskimmd milk	Magermilch

Reklamationen *Complaints*

Es fehlt ein Teller/ Glas.	**There is a plate/ glass missing.**	ðäö ris ö plä^{i}t/ glahss missing
Ich habe kein Messer/ keine Gabel/ keinen Löffel.	**I don't have a knife/ fork/spoon.**	ei doo^{u}nt hæw ö neif/ fohk/sspuhn
Das habe ich nicht bestellt.	**That's not what I ordered.**	ðætss not ^{u}ott ei ohdöd
Ich wollte ...	**I asked for ...**	ei ahsskd foh
Das muß ein Irrtum sein.	**There must be some mistake.**	ðäö masst bie ssamm misstä^{i}k
Können Sie mir dafür etwas anderes bringen?	**May I change this?**	mä^{i} ei tschä^{i}ndʒ ðiss
Ich wollte eine kleine Portion (für das Kind).	**I asked for a small portion (for the child).**	ei ahsskd fohr ö ssmohl pohschön (foh ðö tscheild)
Das Fleisch ist ...	**The meat is ...**	ðö miet is
zu stark gebraten	**overdone**	oo^{u}wödan
zu wenig gebraten	**underdone**	andödan
zu zäh	**too tough**	tuh taff
Das ist zu ...	**This is too ...**	ðiss is tuh
bitter	**bitter**	bittö
salzig	**salty**	ssohlti
sauer	**sour**	sauö
süß	**sweet**	ss^{u}iet
Das schmeckt mir nicht.	**I don't like this.**	ei doo^{u}nt leik ðiss
Das Essen ist kalt.	**The food is cold.**	ðö fuhd is koo^{u}ld
Das ist nicht frisch.	**This isn't fresh.**	ðiss isönt fräsch
Weshalb dauert es so lange?	**What's taking so long?**	^{u}ottss tä^{i}king soo^{u} long
Haben Sie unsere Getränke vergessen?	**Have you forgotten our drinks?**	hæw juh fohgottön auö drinkss
Der Wein schmeckt nach Korken.	**The wine is corked.**	ðö ^{u}ein is kohkt
Das ist nicht sauber.	**This isn't clean.**	ðiss isönt klien
Würden Sie bitte den Oberkellner rufen?	**Would you call the head waiter, please?**	^{u}udd juh kohl ðö hädd ^{u}ä^{i}tö plies

Die Rechnung *The bill*

Falls es nicht ausdrücklich auf der Speisekarte steht, ist die Bedienung nicht inbegriffen und 10–15% Trinkgeld sind angebracht.

Die Rechnung, bitte.	**The bill, please.**	ðö bill plies
Ich möchte zahlen.	**I'd like to pay.**	eid leik tuh pä^i
Wir möchten getrennt bezahlen.	**We'd like to pay separately.**	^{u}ied leik tuh pä^i **ssä**prötli
Wofür steht dieser Betrag?	**What's this amount for?**	^{u}ottss ðiss ö**maunt** foh
Ich glaube, Sie haben sich verrechnet.	**I think there's a mistake in the bill.**	ei θink **ðä**ös ö miss**tä^{i}k** in ðö bill
Ist die Bedienung inbegriffen?	**Is service included?**	is **ssöh**wiss in**kluh**did
Ist das Gedeck inbegriffen?	**Is the cover charge included?**	is ðö **ka**wö tschahdʒ in**kluh**did
Ist alles inbegriffen?	**Is everything included?**	is **äw**riθing in**kluh**did
Nehmen Sie Reiseschecks/ Eurocheques?	**Do you accept traveller's cheques/ eurocheques?**	duh juh ök**ssäpt** **træ**wölös tschäkss/ **juh**roo^{u}tschäkss
Kann ich mit dieser Kreditkarte bezahlen?	**Can I pay with this credit card?**	kæn ei pä^i ^{u}ið ðiss **krä**ditt kahd
Danke, das ist für Sie.	**Thank you, this is for you.**	θænk juh ðiss is foh juh
Behalten Sie das Kleingeld.	**Keep the change.**	kiep ðö tschä^{i}ndʒ
Es war ein sehr gutes Essen.	**That was a very good meal.**	ðæt ^{u}os ö **wärri** gudd miel
Es hat uns gut geschmeckt, danke.	**We enjoyed it, thank you.**	^{u}ie än**dʒeud** itt θænk juh

SERVICE INCLUDED
BEDIENUNG INBEGRIFFEN

TRINKGELD, 3. Umschlagseite

Imbisse – Picknick *Snacks – Picnic*

Benutzen Sie die Gelegenheit, einmal *fish and chips* (fisch ænd tschipss), eine Portion gebackenen Fisch (Dorsch, Heilbutt, Seehecht oder Scholle) mit Pommes frites zu versuchen. Oder Sie kaufen sich eine *sausage roll* (**sso**ssidʒ roo^{u}l – heißes Würstchen im Teig gebacken), eine *pork pie* (pohk pei – Schweinefleischpastete) oder eine *spring roll* (sspring roo^{u}l – Frühlingsrolle) und essen auf einer Bank im Park.

Geben Sie mir eins davon, bitte.	**I'll have one of these, please.**	eil hæw ^{u}ann ow ðies plies
Ich möchte ...	**I'd like ...**	eid leik
Brathähnchen	**a roast chicken**	ö roo^{u}sst **tschi**kkön
(Brat-)Wurst	**a (fried) sausage**	ö (freid) **sso**ssidʒ
Fleischpastete	**a meat pie**	ö miet pei
Frikadelle	**a hamburger**	ö **hæm**böhgö
Kartoffelchips	**some crisps**	ssamm krisspss
Pizza	**a pizza**	ö **piet**ssö
Pommes frites	**some chips**	ssamm tschipss
Rührei	**scrambled eggs**	**sskræm**böld ägs
Spiegeleier	**some fried eggs**	ssamm freid ägs

Probieren Sie auch:

Cornish pasty	**koh**nisch **pä**^{i}ssti	Fleischpastete mit Kartoffeln, Zwiebeln, Nieren
Scotch egg	sskotsch äg	in einer Masse aus Schinken, Brotkrumen und Gewürzen eingepackte, im Fett gebackene harte Eier
Welsh rarebit	^{u}älsch **rä**öbitt	überbackener Käsetoast

Bei Engländern beliebte Zwischenmahlzeiten sind auch Toasts mit verschiedenen Zutaten:

baked beans on toast	bä^{i}kt biens onn too^{u}sst	weiße Bohnen auf Toast
cheese on toast	tschies onn too^{u}sst	Käsetoast
mushrooms on toast	**masch**ruhms onn too^{u}sst	Toast mit Pilzen
spaghetti on toast	sspö**gä**tti onn too^{u}sst	Spaghettitoast

Hier einige Lebensmittel, die Sie vielleicht für ein Picknick einkaufen wollen:

Ich möchte ...	**I'd like ...**	eid leik
Äpfel	**some apples**	ssamm **æ**pöls
Aufschnitt	**some cold cuts**	ssamm koo^{u}ld katss
Bananen	**some bananas**	ssamm bö**nah**nös
Bier	**some beer**	ssamm **bieö**
Bonbons	**some sweets**	ssamm ss^{u}ietss
Brot	**some bread**	ssamm brädd
Brötchen	**some rolls**	ssamm roo^{u}ls
Butter	**some butter**	ssamm **ba**ttö
Eier	**some eggs**	ssamm ägs
Eis (Speiseeis)	**some ice-cream**	ssamm **eiss**kriem
Fruchtsaft	**some fruit juice**	ssamm fruht dʒuhss
Gewürzgurken	**some gherkins**	ssamm **göh**kins
Joghurt	**some yoghurt**	ssamm **jo**ggöt
Kaffee	**some coffee**	ssamm **ko**ffi
Pulverkaffee	**instant coffee**	**in**sstönt **ko**ffi
Käse	**some cheese**	ssamm tschies
Kekse	**some biscuits**	ssamm **biss**kitss
Leberwurst	**some liver sausage**	ssamm **li**wö **sso**ssidʒ
Limonade	**some lemonade**	ssamm lämö**nä^{i}d**
Milch	**some milk**	ssamm milk
Mineralwasser	**some mineral water**	ssamm **mi**nöröl ^{u}**oh**tö
Oliven	**some olives**	ssamm **o**liws
Orangen	**some oranges**	ssamm **o**rrindʒis
Pfeffer	**some pepper**	ssamm **pä**ppö
Salz	**some salt**	ssamm ssohlt
Salzgebäck	**some crackers**	ssamm **kræ**kös
Schinken	**some ham**	ssamm hæm
Schokolade	**some chocolate**	ssamm **tscho**klit
Senf	**some mustard**	ssamm **mass**töd
Tee	**some tea**	ssamm tie
Teebeutel	**tea bags**	tie bægs
Tomaten	**some tomatoes**	ssamm to**mah**too^{u}s
Wein	**some wine**	ssamm ^{u}ein
Weintrauben	**some grapes**	ssamm grä^{i}pss
Würstchen	**some sausages**	ssamm **sso**ssidʒös
Zucker	**some sugar**	ssamm **schu**gö

Reisen im Lande

Flugzeug *Plane*

Ich möchte einen Flug nach London buchen.	**I'd like to book a flight to London.**	eid leik tuh bukk ö fleit tuh **lan**dön
Hinflug	**single**	**ssing**göl
Hin- und Rückflug	**return**	ri**töhn**
1. Klasse	**first class**	föhsst klahss
Touristenklasse	**economy class**	i**ko**nömi klahss
Gibt es Sondertarife?	**Are there any special fares?**	ah **ðäö** änni **sspä**schöl **fäös**
Gibt es einen Flug nach Edinburgh?	**Is there a flight to Edinburgh?**	is **ðäö** ö fleit tuh **äd**dinbrö
Ist es ein Direktflug?	**Is it a direct flight?**	is itt ö dei**räkt** fleit
Wann geht der nächste Flug nach Dublin?	**When's the next flight to Dublin?**	^{u}änns ðö näksst fleit tuh **dab**lin
Habe ich Anschluß nach Glasgow?	**Is there a connection to Glasgow?**	is **ðäö** ö kon**näk**schön tuh **glahss**goo^{u}
Um wieviel Uhr startet die Maschine?	**What time does the plane take off?**	^{u}ott teim das ðö plä^{i}n tä^{i}k off
Wann muß ich einchecken?	**What time should I check in?**	^{u}ott teim schudd ei tschäkk in
Welche Flugnummer ist es?	**What's the flight number?**	^{u}otss ðö fleit **nam**bö
Um wieviel Uhr kommen wir an?	**What time do we arrive?**	^{u}ott teim duh ^{u}ie ö**rreiw**
Ich möchte meinen Flug ...	**I'd like to ... my flight.**	eid leik tuh ... mei fleit
annullieren	**cancel**	**kæn**ssöl
bestätigen	**confirm**	kon**föhm**
umbuchen	**change**	tschä^{i}ndʒ
Wie lange ist der Flugschein gültig?	**How long is the ticket valid?**	hau long is ðö **tik**kit **væ**lid

ARRIVAL ANKUNFT	**DEPARTURE** ABFLUG

Eisenbahn *Train*

Das britische Eisenbahnnetz (*British Rail* – **bri**ttisch rä^{i}l) bietet dem Touristen nicht nur Bequemlichkeiten und einen guten Service, sondern auch einen günstigen Ferientarif für 8, 15, 22 Tage oder 1 Monat, mit dem Sie in ganz Großbritannien unbegrenzt herumfahren können. Diesen *Britrail Pass* (**brit**rä^{i}l pahss) bekommen Sie nur in Reisebüros im Ausland, nicht in England.

Falls Sie es vorziehen, einen bestimmten Ort zu Ihrem Ferien-»Hauptquartier« zu machen und von dort aus Tagesausflüge zu unternehmen, stehen Ihnen auch eine Vielzahl von Sondertarifen zur Verfügung, welche für ein- oder mehrtägige Ausflüge erhältlich sind. Neben diesen *excursion tickets* (äkss**köh**schön **ti**kkitss) bestehen ebenfalls Familien- und Studentenermäßigungen (*family/student reductions* – **fæ**mili/**sstjuh**dönt ri**dak**schöns).

N.B. Die allgemeinen Redewendungen im Abschnitt »Eisenbahn« können auch für die anderen öffentlichen Verkehrsmittel verwendet werden.

Nachstehend eine Übersicht über die verschiedenen Zugs- und Wagentypen:

Intercity train (int**öss**iti trä^{i}n)	auch *Express train* genannt; Schnellzug, der zwischen den Großstädten verkehrt
Local train (**loo**^{u}köl trä^{i}n)	Nahverkehrszug
Motorail (**moo**^{u}törä^{i}l)	Autoreisezug; frühzeitige Reservierung ist angezeigt
Sleeping car (**sslie**ping kah)	Schlafwagen
Dining car (**dei**ning kah)	Speisewagen
»Nightrider« (**neit**reidö)	Alternative zum Schlafwagen: komfortable Liegesessel (auf der Strecke nach Schottland)
Luggage van (**lag**gidʒ wæn)	Gepäckwagen

Zum Bahnhof *To the railway station*

Wo ist der Bahnhof?	**Where's the railway station?**	^{u}äös ðö **rä^{i}l**^{u}ä^{i} **sstä**^{i}schön
Gibt es ...?	**Is there ...?**	is **ðäö**
Bus	**a bus**	ö bass
U-Bahn	**an underground**	ön **and**ögraund
Kann man zu Fuß hinkommen?	**Can I get there on foot?**	kæn ei gätt **ðäö** onn futt
Taxi!	**Taxi!**	**tæk**ssi
Bringen Sie mich zum (Haupt-)Bahnhof.	**Take me to the (main) railway station.**	tä^{i}k mie tuh ðö (mä^{i}n) **rä^{i}l**^{u}ä^{i} **sstä**^{i}schön

ENTRANCE	EINGANG
EXIT	AUSGANG
TO THE PLATFORMS	ZU DEN BAHNSTEIGEN

Auskunft *Information*

Wo ist ...?	**Where is the ...?**	^{u}äö ris ðö
Auskunftsbüro	**information bureau**	infoh**mä**^{i}schön **bjuh**roo^{u}
Bahnsteig 3	**platform 3**	**plæt**fohm 3
Fahrkartenschalter	**ticket office**	**tik**kit **o**ffiss
Fundbüro	**lost property office**	losst **pro**pöti offiss
Gepäckaufbewahrung	**left-luggage office**	läft-**la**ggidʒ **o**ffiss
Hotelvermittlung	**hotel reservation**	hoo^{u}**täll** räsö**wä**^{i}schön
Platzreservierung	**booking office**	**buk**king **o**ffiss
Restaurant	**restaurant**	**räss**töröṅt
Schnellimbiß	**snack bar**	ssnæk bah
Wartesaal	**waiting-room**	^{u}**ä**^{i}ting ruhm
Wechselstube	**currency exchange**	**ka**rrönssi äkss**tschä**^{i}**nd**ʒ
Zeitungsstand	**newsstand**	**njuh**sstænd
Wo sind ...?	**Where are the ...?**	^{u}äö rah ðö
Schließfächer	**luggage lockers**	**la**ggidʒ **lo**kkös
Toiletten	**toilets**	**teu**litss

TAXI, Seite 21

Wann fährt der … Zug nach Oxford?	**When is the … train to Oxford?**	^{u}änn is ðö … trä^{i}n tuh **okss**föd
erste/letzte/nächste	**first/last/next**	föhsst/lahsst/näksst
Was kostet die Fahrt nach Manchester?	**What's the fare to Manchester?**	^{u}ottss ðö **fä**ö tuh **mæn**tschisstö
Ist es ein Schnellzug?	**Is it an intercity train?**	is itt ön intö**ssi**ti trä^{i}n
Muß ich einen Zuschlag bezahlen?	**Do I have to pay a supplement?**	duh ei hæw tu pä^{i} ö **ssa**plömänt
Gibt es einen Anschluß nach Dover?	**Is there a connection to Dover?**	is **ðä**ö ö kon**näk**schön tuh **doo**^{u}wö
Muß ich umsteigen?	**Do I have to change trains?**	duh ei hæw tuh tschä^{i}ndʒ trä^{i}ns
Reicht die Zeit zum Umsteigen?	**Is there enough time to change?**	is **ðä**ö i**naff** teim tuh tschä^{i}ndʒ
Fährt der Zug pünktlich ab?	**Is the train running on time?**	is ðö trä^{i}n **ra**nning on teim
Wann kommt der Zug in Norwich an?	**What time does the train arrive in Norwich?**	^{u}ott teim das ðö trä^{i}n ö**rreiw** in **no**ridʒ
Hält der Zug in Brighton?	**Does the train stop in Brighton?**	das ðö trä^{i}n sstop in **brei**tön
Führt der Zug einen Speisewagen/Schlafwagen?	**Is there a dining car/a sleeping car on the train?**	is **ðä**ö ö **dei**ning kah/ ö **sslie**ping kah on ðö trä^{i}n
Von welchem Bahnsteig fährt der Zug nach York?	**What platform does the train to York leave from?**	^{u}ott **plæt**fohm das ðö trä^{i}n tuh johk liew from
Auf welchem Bahnsteig kommt der Zug aus Bristol an?	**What platform does the train from Bristol arrive at?**	^{u}ott **plæt**fohm das ðö trä^{i}n from **briss**töl ö**rreiw** æt
Ich möchte einen Fahrplan.	**I'd like a timetable.**	eid leik ö **teim**tä^{i}böl

SMOKER
RAUCHER

NONSMOKER
NICHTRAUCHER

It's a through train.	Es ist ein durchgehender Zug.
You have to change at ...	Sie müssen in ... umsteigen.
Change at Leeds and get a local train.	Steigen Sie in Leeds in einen Nahverkehrszug um.
There's a train to Exeter at ...	Es gibt um ... einen Zug nach Exeter.
Your train will leave from platform 8.	Der Zug fährt auf Gleis 8 ab.
There'll be a delay of ... minutes.	Der Zug hat ... Minuten Verspätung.
First class at the front/in the middle/at the end.	Erste Klasse an der Spitze/in der Mitte/am Ende des Zuges.

Fahrkarten *Tickets*

Eine Fahrkarte nach Bath, bitte.	**A ticket to Bath, please.**	ö **ti**kkit tuh bahθ plies
einfach	**single**	**ssin**göl
hin und zurück	**return**	ri**töhn**
1. Klasse	**first class**	föhsst klahss
2. Klasse	**second class***	**ssä**könd klahss
zum halben Preis	**half price**	hahf preiss

Reservierung *Reservation*

Ich möchte ... reservieren lassen.	**I'd like to reserve ...**	eid leik tuh ri**söhw**
einen (Fenster-)Platz	**a seat (by the window)**	ö ssiet (bei ðö ^{u}**in**doo^{u})
einen Platz im Liegewagen	**a berth**	ö böhθ
oben	**upper**	**a**ppö
in der Mitte	**middle**	**mi**ddöl
unten	**lower**	**loo**^{u}ö
einen Platz im Schlafwagen	**a berth in the sleeping car**	ö böhθ in ðö **sslie**ping kah

* Vielleicht hören Sie am Fahrkartenschalter auch *»standard class«* (**sstæn**död klahss) statt *»second class«*.

ZAHLEN, Seite 147/UHRZEIT, Seite 153

Auf dem Bahnsteig *On the platform*

Ist das der richtige Bahnsteig für den Zug nach London?	**Is this the right platform for the train to London?**	is ðiss ðö reit **plæt**fohm foh ðö trä^{i}n tuh **lan**dön
Ist das der Zug nach Liverpool?	**Is this the train to Liverpool?**	is ðiss ðö trä^{i}n tuh **li**wöpuhl
Hat der Zug aus Leeds Verspätung?	**Is the train from Leeds late?**	is ðö trä^{i}n from lieds lä^{i}t
Wo ist Bahnsteig 3?	**Where is platform 3?**	^{u}äö ris **plæt**fohm 3
Wo ist Wagen Nr. ...?	**Where is carriage no. ...?**	^{u}äö ris **kær**idʒ **nam**bö

FIRST CLASS
ERSTE KLASSE

SECOND CLASS
ZWEITE KLASSE

Im Zug *On the train*

Verzeihung. Kann ich vorbei?	**Excuse me. May I get past?**	äks**skjuhs** mie. mä^{i} ei gätt pahsst
Ist dieser Platz besetzt?	**Is this seat taken?**	is ðiss ssiet **tä^{i}**kön
Ich glaube, das ist mein Platz.	**I think that's my seat.**	ei θink ðætss mei ssiet
Darf ich das Fenster aufmachen/zumachen?	**Do you mind if I open/close the window?**	duh juh meind iff ei **oo^{u}**pön/kloo^{u}s ðö ^{u}**in**doo^{u}
Sagen Sie mir bitte Bescheid, wenn wir in Durham ankommen?	**Would you let me know before we get to Durham?**	^{u}udd juh lätt mie noo^{u} bi**foh** ^{u}ie gätt tuh **dar**röm
Wo sind wir?	**Where are we?**	^{u}äö ah ^{u}ie
Wie lange hält der Zug hier?	**How long does the train stop here?**	hau long das ðö trä^{i}n sstop **hie**ö
Wann kommen wir in Chester an?	**When do we get to Chester?**	^{u}änn duh ^{u}ie gätt tuh **tschäss**tö
Wo ist der Speisewagen?	**Where's the dining car?**	^{u}äös ðö **dei**ning kah

UHRZEIT, Seite 153 / ZAHLEN, Seite 147

Schlafwagen *Sleeping car*

Sind im Schlafwagen noch Abteile frei?	**Are there any free compartments in the sleeping car?**	ah **ðäö** änni frie kom**paht**-möntss in ðö **sslie**ping kah
Wo ist der Schlafwagen?	**Where's the sleeping car?**	^{u}äös ðö **sslie**ping kah
Wo ist mein Schlafplatz?	**Where's my berth?**	^{u}**äös** mei böhθ
Ich möchte unten schlafen.	**I'd like a lower berth.**	eid leik ö **loo**^{u}ö böhθ
Können Sie unsere Betten machen?	**Would you prepare our berths?**	^{u}udd juh pri**päö** **auö** böhθss
Könnten Sie mich um 7 Uhr wecken?	**Would you wake me at 7 o'clock?**	^{u}udd juh ^{u}ä^{i}k mie æt 7 o klokk

Gepäck – Gepäckträger *Luggage – Porters*

Wo sind die Schließfächer?	**Where are the luggage lockers?**	^{u}äö rah ðö **la**ggidʒ **lo**kkös
Wo ist die Gepäckaufbewahrung?	**Where's the left-luggage office?**	^{u}äös ðö läft-**la**ggidʒ **o**ffiss
Ich möchte mein Gepäck einstellen.	**I'd like to leave my luggage, please.**	eid leik tuh liew mei **la**ggidʒ plies
Ich möchte mein Gepäck aufgeben.	**I'd like to register my luggage.**	eid leik tuh **rä**dʒisstö mei **la**ggidʒ
Gepäckträger!	**Porter!**	**poh**tö
Können Sie mir mit meinem Gepäck helfen?	**Can you help me with my luggage?**	kæn juh hälp mie ^{u}ið mei **la**ggidʒ
Wo sind die Gepäckhandwagen (Kofferkulis)?	**Where are the luggage trolleys?**	^{u}äö rah ðö **la**ggidʒ **tro**llies

REGISTERING BAGGAGE
GEPÄCKAUFGABE

GEPÄCKTRÄGER, siehe auch Seite 18

Überlandbus *Coach*

Dank einem gut ausgebauten Verkehrsnetz kommt man mit den Überlandbussen (*coach* - koo^{u}tsch) der Linie *National Express* bequem, schnell und preiswert ans Ziel.

Wann fährt der nächste Bus nach ...?	**When's the next coach to ...?**	^{u}änns ðö näksst koo^{u}tsch tuh
Hält der Bus in ...?	**Does this coach stop at ...?**	das ðiss koo^{u}tsch sstop æt
Wie lange dauert die Fahrt?	**How long does the journey take?**	hau long das ðö **dʒöh**ni tä^{i}k

Bus *Bus*

In den meisten Städten bekommen Sie Busfahrkarten beim Fahrer oder Schaffner - halten Sie Kleingeld bereit. Die Netzkarte *London Explorer Pass* (für alle öffentlichen Verkehrsmittel Londons) ist für 1, 3, 4 oder 7 Tage erhältlich.

Londons rote doppelstöckige Busse (*double deckers* - **da**bböl **dä**kkös) sind weltbekannt und verkehren häufig. Vergessen Sie nicht, daß in Großbritannien links gefahren wird!

Die grünen einstöckigen Busse (*single deckers* - **ssing**göl **dä**kkös) der *Green Line* (grien lein) bedienen Vororte und umliegende Siedlungen.

Welcher Bus fährt ins Stadtzentrum?	**Which bus goes to the town centre?**	^{u}itsch bass goo^{u}s tuh ðö taun **ssän**tör
Welchen Bus muß ich nach Victoria Station nehmen?	**Which bus do I take to Victoria Station?**	^{u}itsch bass duh ei tä^{i}k tuh wik**toh**riö **sstä**^{i}schön
Mit welchem Bus komme ich zur Oper?	**Which bus do I take for the opera?**	^{u}itsch bass duh ei tä^{i}k foh ði **o**prö
Wo ist die Bushaltestelle?	**Where's the bus stop?**	^{u}**ä**ös ðö bass sstop
Wo ist die Endstation?	**Where's the terminus?**	^{u}**ä**ös ðö **töh**minöss

Wann fährt der ... Bus nach Pimlico?	**When is the ... bus to Pimlico?**	^{u}änn is ðö ... bass tuh **pim**likoo^{u}
erste/letzte/nächste	**first/last/next**	föhsst/lahsst/näksst
Was kostet es nach ...?	**How much is the fare to ...?**	hau matsch is ðö **fäö** tuh
Muß ich umsteigen?	**Do I have to change buses?**	duh ei hæw tuh tschä^{i}ndʒ **bass**is
Wie viele Haltestellen sind es bis ...?	**How many stops are there to ...?**	hau **män**ni sstopss ah **ðäö** tuh
Können Sie mir sagen, wann ich aussteigen muß?	**Will you tell me when to get off?**	^{u}ill juh täll mie ^{u}änn tuh gätt off
Ich möchte bei St. Paul's aussteigen.	**I want to get off at St. Paul's.**	ei ^{u}ant tuh gätt off æt ssä^{i}nt pohls

BUS STOP	BUSHALTESTELLE
REQUEST STOP	BEDARFSHALTESTELLE

U-Bahn *Underground*

Die Londoner Untergrundbahn, *underground* (**an**dögraund) oder einfach *tube* (tjuhb) genannt, ist das schnellste Verkehrsmittel und fährt von 6 bis ungefähr 24 Uhr. An allen Eingängen und in den Zügen hängt sichtbar eine Streckenkarte. Auch Liverpool und Glasgow haben eine U-Bahn.

Wo ist die nächste U-Bahnstation?	**Where's the nearest underground station?**	^{u}äös ðö **ni**örösst **an**dögraund **sstä**^{i}schön
Fährt dieser Zug nach ...?	**Does this train go to ...?**	das ðiss trä^{i}n goo^{u} tuh
Wo muß ich nach ... umsteigen?	**Where do I change for ...?**	^{u}äö duh ei tschä^{i}ndʒ foh
Ist die nächste Station ...?	**Is the next station ...?**	is ðö näksst **sstä**^{i}schön
Welche Linie fährt nach ...?	**Which line goes to ...?**	^{u}itsch lein goo^{u}s tuh

Schiff *Boat/Ship*

Wann fährt ein Schiff/ eine Fähre nach ...?	**When is there a boat/ a ferry for ...?**	^{u}änn is **ðäö** ö boo^{u}t/ ö **fä**rri foh
Wo ist der Anlegeplatz?	**Where's the embarkation point?**	**^{u}ä**ös ði embah**kä^{i}**schön peunt
Wie lange dauert die Überfahrt?	**How long does the crossing take?**	hau long das ðö **kro**ssing tä^{i}k
Wann legen wir in ... an?	**When do we call at ...?**	^{u}änn duh ^{u}ie kohl æt
Ich möchte eine Hafenrundfahrt machen.	**I'd like to take a tour of the harbour.**	eid leik tuh tä^{i}k ö **tuh**ö ow ðö **hah**bö
Autofähre	**car ferry**	kah **fä**rri
Boot	**boat**	boo^{u}t
Dampfschiff	**steamboat**	**sstiem**boo^{u}t
Deck	**deck**	däkk
Fähre	**ferry**	**fä**rri
Flußfahrt	**river trip**	**ri**wö tripp
Hafen	**port**	poht
Kabine	**cabin**	kæbin
Einzel-/Zweier-	**single/double**	**ssing**göl/**da**böl
Kreuzfahrt	**cruise**	kruhs
Rettungsboot	**life boat**	leif boo^{u}t
Rettungsring	**life belt**	leif bält
Schiff	**ship**	schipp
Tragflächenboot	**hydrofoil**	**hei**droo^{u}feul

Fahrradverleih *Bicycle hire*

Ich möchte ein Fahrrad mieten.	**I'd like to hire a bicycle.**	eid leik tuh **hei**ö ö **bei**ssiköl

Weitere Transportmittel *Other means of transport*

Hubschrauber	**helicopter**	**hä**likoptö
Moped	**moped**	**moo^{u}**päd
Motorrad	**motorbike**	**moo^{u}**töbeik
Motorroller	**scooter**	**sskuh**tö

Oder vielleicht wollen Sie lieber:

trampen	**to hitchhike**	tuh **hitsch**heik
wandern	**to hike**	tuh heik
zu Fuß gehen	**to walk**	tuh ^{u}ohk

SPORT, Seite 89

Auto *Car*

Die Straßen sind im allgemeinen in gutem Zustand; Autobahnen sind gebührenfrei. Es herrscht Linksverkehr! Das Tragen der Sicherheitsgurten (*seat belts* – ssiit bältss) ist obligatorisch; Nichtbeachten dieser Vorschrift wird streng bestraft. Auch Geschwindigkeitsübertretungen und Trunkenheit am Steuer sind schwere Verkehrssünden: Sie riskieren den Verlust des Führerscheins oder hohe Bußen. Bleifreies Benzin ist noch nicht überall erhältlich.

Wo ist die nächste Tankstelle (mit Selbstbedienung)?	**Where's the nearest (self-service) petrol station?**	uäös ðö **ni**örösst (ssälf**ssö**wiss) **pä**tröl **sstä**ischön
Volltanken, bitte.	**Full tank, please.**	full tænk plies
2-/5-Stern-Benzin	**2-star/5-star***	**tuh**sstah/**feiw**sstah
bleifreies Benzin	**unleaded petrol**	an**lä**död **pä**tröl
Diesel	**diesel**	**die**söl
Kontrollieren Sie bitte ...	**Please check the ...**	plies tschäkk ðö
Batterie	**battery**	**bæ**ttöri
Bremsflüssigkeit	**brake fluid**	bräik fluid
Öl	**oil**	eul
Wasser	**water**	u**oh**tö
Können Sie bitte den Reifendruck prüfen?	**Could you check the tyre pressure?**	kudd juh tschäkk ðö **tei**ö **prä**schö
Vorne 1,6, hinten 1,8.	**1.6 front, 1.8 rear.**	uann peunt ssikss front uann peunt äit **rie**ö
Bitte kontrollieren Sie auch den Ersatzreifen.	**Please check the spare tyre, too.**	plies tschäkk ðö **sspä**ö **tei**ö tuh
Können Sie diesen Reifen flicken?	**Can you mend this puncture?**	kæn juh mänd ðiss **pank**tschö
Würden Sie bitte ... wechseln?	**Would you change the ..., please?**	uudd juh tschäindʒ ðö ... plies
Glühbirne	**bulb**	balb
Keilriemen	**fan belt**	fæn bält

* 2-Stern bezeichnet die niedrigste Benzinqualität, 5-Stern die höchste.

AUTOVERLEIH, Seite 20/UMRECHNUNGSTABELLEN, Seite 158

Reifen	**tyre**	**tei**ö
Scheibenwischer	**wipers**	^{u}**ei**pös
Zündkerzen	**sparking plugs**	**sspah**king plags
Reinigen Sie bitte die Windschutzscheibe.	**Would you clean the windscreen, please?**	^{u}udd juh klien ðö ^{u}**ind**sskrien plies
Wo kann ich meinen Wagen waschen lassen?	**Where can I get my car washed?**	^{u}äö kæn ei gätt mei kah ^{u}oschd
Gibt es eine Wasch-anlage/-straße?	**Is there a car wash?**	is **ð**äör ö kah ^{u}osch

Weg – Richtung *Way – Direction*

Wie komme ich nach ...?	**How do I get to ...?**	hau duh ei gätt tuh
Sind wir auf der richtigen Straße nach ...?	**Are we on the right road for ...?**	ah ^{u}ie on ðö reit roo^{u}d foh
Gibt es eine wenig befahrene Straße?	**Is there a road with little traffic?**	is **ð**äör ö roo^{u}d ^{u}ið **lit**töl **træ**fik
Wie weit ist es bis/nach ...?	**How far is it to ...?**	hau fah is itt tuh
Gibt es eine Auto-bahn?	**Is there a motorway?**	is **ð**äör ö **moo**^{u}tö^{u}ä^{i}
Wie lange braucht man mit dem Auto/zu Fuß?	**How long does it take by car/on foot?**	hau long das itt tä^{i}k bei kah/on futt
Kann ich bis ins Stadtzentrum fahren?	**Can I drive to the centre of town?**	kæn ei dreiw tuh ðö **ssän**tö ow taun
Können Sie mir sagen, wo ... ist?	**Can you tell me where ... is?**	kæn juh täll mie ^{u}**ä**ö ... is
Wie komme ich zu diesem Ort/dieser Adresse?	**How do I get to this place/this address?**	hau duh ei gätt tuh ðiss plä^{i}ss/ö**dräss**
Wo ist/liegt das?	**Where's this?**	^{u}**ä**ös ðiss
Können Sie mir auf der Karte zeigen, wo ich bin?	**Can you show me on the map where I am?**	kæn juh schoo^{u} mie on ðö mæp ^{u}**ä**ö ei æm

You're on the wrong road.	Sie sind auf der falschen Straße.
Go straight ahead.	Fahren Sie geradeaus.
It's down there ...	Es ist dort vorne ...
opposite/behind ... **next to/after ...**	gegenüber/hinter ... neben/nach ...
north/south/east/west	Nord/Süd/Ost/West
Go to the first/second crossroads.	Fahren Sie bis zur ersten/ zweiten Kreuzung.
Turn left at the traffic lights.	Biegen Sie bei der Ampel links ab.
Turn right at the next corner.	Biegen Sie bei der nächsten Ecke rechts ab.
It's a one-way street.	Es ist eine Einbahnstraße.
You have to go back to ...	Sie müssen zurück nach ...
Follow signs for York.	Folgen Sie den Schildern »York«.

Parken *Parking*

Wo kann ich parken?	**Where can I park?**	^{u}äö kæn ei pahk
Gibt es in der Nähe ...?	**Is there a ... nearby?**	is ðäör ö ... nieö**bei**
Parkplatz Parkhaus	**car park** **multistorey car park**	kah pahk **mal**tisstohri kah pahk
Darf ich hier parken?	**May I park here?**	mä^i ei pahk **hie**ö
Wie lange kann ich hier parken?	**How long can I park here?**	hau long kæn ei pahk **hie**ö
Wieviel kostet es pro Stunde?	**What's the charge per hour?**	^{u}ottss ðö tschahdʒ pö **au**ö
Haben Sie Kleingeld für die Parkuhr?	**Do you have some change for the parking meter?**	duh juh hæw ssamm tschä^{i}ndʒ foh ðö **pah**king **mie**tö
Ist der Parkplatz bewacht?	**Is there a parking attendant?**	is ðäör ö **pah**king ö**tän**dönt

Panne – Straßenhilfe *Breakdown – Road assistance*

Ich habe eine Autopanne.	**My car has broken down.**	mei kah hæs **broo^{u}**kön daun
Können Sie mir helfen?	**Can you help me?**	kæn juh hälp mie
Wo kann ich telefonieren?	**Where can I make a phone call?**	^{u}äö kæn ei mä^{i}k ö foo^{u}n kohl
Bitte schicken Sie einen Abschlepp-wagen/Mechaniker.	**Can you send a breakdown van/ a mechanic, please?**	kæn juh ssänd ö **brä^{i}k**daun wæn/ ö mö**kæ**nik plies
Mein Auto springt nicht an.	**My car won't start.**	mei kah ^{u}oo^{u}nt sstaht
Die Batterie ist leer.	**The battery is dead.**	ðö **bæ**töri is dädd
Ich habe eine Benzinpanne.	**I've run out of petrol.**	eiw rann aut ow **pä**tröl
Ich habe einen Plattfuß.	**I have a flat tyre.**	ei hæw ö flæt **tei**ö
... ist/sind nicht in Ordnung.	**There's something wrong with the ...**	**ðäös ssam**θing rong ^{u}ið ðö
Auspuff	**exhaust pipe**	ig**sohsst** peip
Bremsen	**brakes**	brä^{i}kss
Bremslichter	**brake lights**	brä^{i}k leitss
elektrische Anlage	**electrical system**	ä**läk**triköl **ssis**stöm
Gangschaltung	**gears**	**gie**ös
Kühler	**radiator**	**rä^{i}**diä^{i}tö
Kupplung	**clutch**	klatsch
Motor	**motor**	**moo^{u}**tö
Rad	**wheel**	^{u}iel
Scheinwerfer	**headlights**	**häd**leitss
Steuerung	**steering**	**sstie**ring
Vergaser	**carburettor**	**kah**bjurättö
Zündung	**ignition**	ig**ni**schön
Können Sie mir ... leihen?	**Can you lend me ...?**	kæn juh länd mie
Abschleppseil	**a towrope**	ö **too^{u}**roo^{u}p
Benzinkanister	**a jerrycan**	ö **dʒä**rikæn
Schraubenschlüssel	**a spanner**	ö **sspæ**nö
Wagenheber	**a jack**	ö dʒæk
Werkzeug	**some tools**	ssamm tuhls
Wo ist die nächste Reparaturwerkstatt?	**Where's the nearest garage?**	^{u}äös ðö **nie**rösst gö**rahdʒ**

Reparatur *Repair*

Können Sie mein Auto reparieren?	**Can you repair my car?**	kæn juh **ri**pä**ö** mei kah
Wie lange wird es dauern?	**How long will it take?**	hau long ^{u}ill it tä^{i}k
Können Sie einen Kostenvoranschlag machen?	**Can you give me an estimate?**	kæn juh giw mie ön **äss**timöt

Unfall – Polizei *Accident – Police*

Rufen Sie bitte die Polizei.	**Please call the police.**	plies kohl ðö pö**liess**
Es ist ein Unfall passiert, ungefähr 2 Meilen von ...	**There's been an accident. It's about 2 miles from ...**	**ð**ä**ö**s bien ön **æk**ssidönt. itss ö**baut** 2 meils fromm
Es hat Verletzte gegeben.	**There are people injured.**	**ð**äör ah **pie**pöl **in**dʒöd
Rufen Sie schnell einen Arzt/einen Krankenwagen.	**Call a doctor/an ambulance quickly.**	kohl ö **dok**tö/ön **æm**bjulönss **k^{u}ikk**li
Wie ist Ihr Name und Ihre Anschrift?	**What's your name and address?**	^{u}ottss joh nä^{i}m ænd ö**dräss**
Ihre Versicherungsgesellschaft, bitte?	**What's your insurance company?**	^{u}ottss joh in**schu**rönss **kom**pöni

Verkehrszeichen *Road signs*

DANGER	Gefahr
DIVERSION	Umleitung
EXIT	Ausfahrt
GIVE WAY	Vorfahrt gewähren
KEEP LEFT	Links fahren
LEVEL CROSSING	Bahnübergang
NO OVERTAKING	Überholverbot
NO PARKING	Parken verboten
ONE WAY	Einbahnstraße
PEDESTRIANS	Fußgänger
REDUCE SPEED NOW	Geschwindigkeit herabsetzen
ROAD WORKS AHEAD	Straßenarbeiten
ROUNDABOUT	Kreisverkehr
SCHOOL	Schule
SLOW	Langsam

NOTFALL, Seite 156

Besichtigungen

Wo ist das Fremdenverkehrsbüro?	**Where's the tourist office?**	^{u}äös ðö **tuh**risst **o**ffiss
Was sind die Hauptsehenswürdigkeiten?	**What are the main points of interest?**	^{u}ott ah ðö mä^{i}n peuntss ow **in**trässt
Wir sind ... hier.	**We're here for ...**	^{u}**ie**ö **hie**ö foh
nur ein paar Stunden	**only a few hours**	**oo^{u}n**li ö fjuh **au**ös
einen Tag	**a day**	ö dä^{i}
eine Woche	**a week**	ö ^{u}iek
Können Sie eine Stadtrundfahrt/einen Ausflug empfehlen?	**Can you recommend a sightseeing tour/ an excursion?**	kæn juh räkö**mänd** ö **sseit**ssieing **tu**ö/ ön ikss**köh**schön
Von wo fahren wir ab?	**Where do we leave from?**	^{u}**ä**ö duh ^{u}ie liew fromm
Holt uns der Bus beim Hotel ab?	**Will the bus pick us up at the hotel?**	^{u}ill ðö bass pikk ass app æt ðö hoo^{u}**täll**
Was kostet die Rundfahrt?	**How much does the tour cost?**	hau matsch das ðö **tu**ö kosst
Wann beginnt die Rundfahrt?	**What time does the tour start?**	^{u}ott teim das ðö **tu**ö sstaht
Ist das Mittagessen inbegriffen?	**Is lunch included?**	is lantsch in**kluh**did
Wann werden wir zurück sein?	**What time do we get back?**	^{u}ott teim duh ^{u}ie gätt bæk
Haben wir in ... Zeit zu freier Verfügung?	**Do we have free time in ...?**	duh ^{u}ie hæw frie teim inn
Gibt es einen deutschsprachigen Führer?	**Is there a German-speaking guide?**	is **ð**äör ö **dʒöh**mön-sspieking geid
Ich möchte einen Fremdenführer für ...	**I'd like to hire a private guide for ...**	eid leik tuh **hei**ö ö **prei**wöt geid foh
einen halben Tag	**half a day**	hahf ö dä^{i}
einen Tag	**a full day**	ö full dä^{i}

Wo ist/Wo sind ...?	**Where is/Where are the ...?**	^{u}äö ris/^{u}äö rah ðö
Abtei	**abbey**	æbi
Altstadt	**old town**	oo^{u}ld taun
Ausstellung	**exhibition**	äkssi**bi**schön
Bibliothek	**library**	**lei**bröri
Börse	**stock exchange**	sstok äkss**tschä**^{i}**ndʒ**
botanischer Garten	**botanical gardens**	bo**tæ**niköl **gah**döns
(Spring-)Brunnen	**fountain**	**faun**tön
Burg	**castle**	**kah**ssöl
Denkmal	**monument/memorial**	**mon**juhmönt/mä**moh**riöl
Einkaufsviertel	**shopping area**	**schop**ping äöriö
Fabrik	**factory**	**fæk**töri
Festung	**fortress**	**foh**triss
Flohmarkt	**flea market**	flie **mah**kitt
Friedhof	**cemetery**	**ssä**mitri
Gebäude	**building**	**bil**ding
Gericht	**court house**	koht hauss
Geschäftsviertel	**business district**	**bis**niss **diss**trikt
Grab	**tomb**	tuhm
Grünanlagen	**gardens**	**gah**döns
Hafen	**harbour**	**hah**bö
Hafenanlagen	**docks**	dokss
Innenstadt	**city/town centre**	**ssit**ti/taun **ssän**tö
Kapelle	**chapel**	**tschæ**pöl
Kathedrale	**cathedral**	kö**θie**dröl
Kirche	**church**	tschöhtsch
Kloster (Frauen)	**convent**	**kon**vönt
Kloster (Männer)	**monastery**	**mon**össtri
Königlicher Palast	**royal palace**	**roj**öl **pæ**liss
Kongreßhaus	**conference centre**	**kon**frönss **ssän**tö
Konzerthalle	**concert hall**	**kons**söht hohl
Kreuzgang	**cloister**	**kleuss**tö
Kunstgalerie	**art gallery**	aht **gæ**löri
Künstlerviertel	**artists' quarter**	**ah**tisstss **k^{u}oh**tö
Markt	**market**	**mah**kitt
Messe	**fair**	**fäö**
Museum	**museum**	mju**si**öm
Opernhaus	**opera house**	oprö hauss
Palast	**palace**	**pæ**liss
Park	**park**	pahk
Parlamentsgebäude	**Houses of Parliament**	**hau**sis ow **pah**lömönt
Planetarium	**planetarium**	plænö**tä**öriöm
Platz	**square**	**ssk^{u}äö**
Rathaus	**city/town hall**	**ssit**ti/taun hohl
Ruinen	**ruins**	**ruh**ins

Schloß	**castle**	**kah**ssöl
See	**lake**	lä^{i}k
Stadion	**stadium**	**sstä**^{i}diöm
Stadtmauern	**city walls**	**ssi**tti ^{u}ohls
Stadtzentrum	**city/town centre**	**ssi**tti/taun **ssän**tör
Statue	**statue**	**sstæt**juh
Sternwarte	**observatory**	ob**söh**wötri
Theater	**theatre**	**θi**ötö
Tor	**gate**	gä^{i}t
Turm	**tower**	**tau**ö
Universität	**university**	juhni**wöh**ssiti
Vorort	**suburb**	**ssa**böhb
Zoo	**zoo**	suh

Eintritt *Admission*

Ist ... sonntags geöffnet?	**Is ... open on Sundays?**	is ... **oo**^{u}pön on **ssan**däs
Welches sind die Öffnungszeiten?	**What are the opening hours?**	^{u}ott ah ði **oo**^{u}pöning **au**ös
Wann schließt es?	**When does it close?**	^{u}änn das itt kloo^{u}s
Was kostet der Eintritt?	**What is the entrance fee?**	^{u}ott is ði **än**trönss fie
Gibt es Ermäßigung für ...?	**Is there any reduction for ...?**	is **ðä**ö **än**ni ri**dak**schön foh
Behinderte	**the disabled**	ðö dis**ä**^{i}böld
Gruppen	**groups**	gruhpss
Kinder	**children**	**tschil**drön
Rentner	**pensioners**	**pän**schönös
Studenten	**students**	**sstjuh**döntss
Haben Sie einen Führer (in Deutsch)?	**Do you have a guide-book (in German)?**	duh juh hæw ö **geid**bukk (in **dʒöh**mön)
Kann ich einen Katalog kaufen?	**Can I buy a catalogue?**	kæn ei bei ö **kæ**tölog
Darf man fotografieren?	**Is it all right to take pictures?**	is itt ol reit tuh tä^{i}k **pik**tschöhs

ADMISSION FREE	EINTRITT FREI
NO CAMERAS ALLOWED	FOTOGRAFIEREN VERBOTEN

Wer – Was – Wann? *Who – What – When?*

Was für ein Gebäude ist das?	**What's that building?**	uottss ðæt **bil**ding
Wer war der ...?	**Who was the ...?**	huh uos ðö
Architekt	**architect**	**ah**kitäkt
Bildhauer	**sculptor**	**sskalp**tö
Künstler	**artist**	**ah**tisst
Maler	**painter**	**päint**ö
Wer hat es gebaut?	**Who built it?**	huh bilt itt
Wann wurde es gebaut?	**When was it built?**	uänn uos itt bilt
Wer hat dieses Bild gemalt?	**Who painted this picture?**	huh **päin**tid ðiss **pik**tschö
Wann hat er gelebt?	**When did he live?**	uänn didd hie liw
Wo ist das Haus, in dem ... lebte?	**Where's the house where ... lived?**	uäös ðö hauss uäö ... liwd
Gibt es eine Führung?	**Is there a guided tour?**	is **ð**äör ö **gei**död **tuh**ö
Wir interessieren uns für ...	**We're interested in ...**	**uieö** **in**trisstöd inn
Antiquitäten	**antiques**	æn**tiekss**
Archäologie	**archaeology**	ahki**oll**ödʒi
Architektur	**architecture**	**ah**kitektschö
barock	**baroque**	bö**rok**
gotisch	**gothic**	**go**θik
modern	**modern**	**mod**ön
romanisch	**roman**	**roo**umön
Bildhauerei	**sculpture**	**sskalp**tschö
Botanik	**botany**	**bott**öni
Geologie	**geology**	dʒi**oll**ödʒi
Geschichte	**history**	**hiss**töri
Keramik	**ceramics**	ssö**ræ**mikss
Kunst	**art**	aht
Kunsthandwerk	**handicrafts**	**hæn**dikrahftss
Literatur	**literature**	**li**tritschö
Malerei	**painting**	**päin**ting
Medizin	**medicine**	**mäd**ssin
Möbel	**furniture**	**föh**nitschö
Mode	**fashion**	**fæ**schön
Münzen	**coins**	keuns
Musik	**music**	**mjuh**sik

Naturgeschichte	**natural history**	**næt**schöröl **hiss**töri
Politik	**politics**	**po**litikss
Religion	**religion**	ri**li**dʒön
Töpferei	**pottery**	**pot**töri
Vogelkunde	**ornithology**	ohni**θo**llödʒi
Völkerkunde	**ethnology**	äθ**no**llödʒi
Wirtschaft	**economy**	i**ko**nömi
Zoologie	**zoology**	soh**o**llödʒi
Wo ist die Abteilung für ...?	**Where's the ... department?**	ᵘäös ðö ... di**paht**mönt
Es ist ...	**It's ...**	itss
eindrucksvoll	**impressive**	im**präss**iw
erstaunlich	**amazing**	ö**mä**ⁱsing
großartig	**magnificent**	mæg**ni**fissönt
häßlich	**ugly**	**ag**li
herrlich	**superb**	ssjuh**pöhb**
hübsch	**pretty**	**prit**ti
interessant	**interesting**	**in**trässting
romantisch	**romantic**	rooᵘ**mæn**tik
schön	**beautiful**	**bjuh**tiföl
schrecklich	**horrible**	**hor**riböl
seltsam	**strange**	ssträⁱndʒ
toll	**fantastic**	fæn**tæss**tik
unheimlich	**sinister**	**ssi**nisstö

Gottesdienste *Religious services*

Gibt es hier eine ...?	**Is there a ...?**	is **ð**äör ö
evangelische Kirche	**Protestant church**	**prot**tisstönt tschöhtsch
katholische Kirche	**Catholic church**	**kæ**θölik tschöhtsch
Moschee	**mosque**	mossk
Synagoge	**synagogue**	**ssi**nnögog
Um wieviel Uhr beginnt ...?	**At what time is ...?**	æt ᵘott teim is
Gottesdienst	**the service**	ðö **ssöh**wiss
Messe	**mass**	mæss
Wo finde ich einen deutschsprechenden ...?	**Where can I find a ... who speaks German?**	ᵘäö kæn ei feind ö ... huh sspiekss **dʒöh**mön
Pfarrer/Priester/Rabbiner	**minister/priest/rabbi**	**mi**nnisstö/priesst/**ræ**bbei
Ich möchte die Kirche besichtigen.	**I'd like to visit the church.**	eid leik tuh **wi**sit ðö tschöhtsch

Auf dem Land *In the countryside*

Gibt es eine landschaftlich schöne Straße nach ...?	**Is there a scenic route to ...?**	is **ðäör** ö **ssie**nik ruht tuh
Wie weit ist es bis ...?	**How far is it to ...?**	hau fah is itt tuh
Können wir zu Fuß gehen?	**Can we get there on foot?**	kæn ^{u}ie gätt **ðäö** onn futt
Wie hoch ist dieser Berg?	**How high is that mountain?**	hau hei is ðæt **maun**tön
Was für ein(e) ... ist das?	**What's the name of that ...?**	^{u}ottss ðö nä^{i}m ow ðæt
Baum/Blume/Pflanze Tier/Vogel	**tree/flower/plant animal/bird**	trie/**flau**ö/plahnt **æ**nimöl/böhd

Bach	**brook**	brukk
Bauernhof	**farm**	fahm
Berg	**mountain**	**maun**tön
Brücke	**bridge**	bridʒ
Dorf	**village**	**wi**llidʒ
Feld	**field**	field
Fluß	**river**	**ri**wö
Fußweg	**footpath**	**fut**paθ
Garten	**garden**	**gah**dön
Haus	**house**	hauss
Heide	**heath**	hieθ
Höhle	**cave**	kä^{i}w
Hügel	**hill**	hill
Kanal	**canal**	kö**næl**
Klippe	**cliff**	kliff
Mauer	**wall**	^{u}ohl
Meer	**sea**	ssie
Paß	**(mountain) pass**	(**maun**tön) pahss
Quelle	**spring**	sspring
See	**lake**	lä^{i}k
Straße	**road**	roo^{u}d
Tal	**valley**	**wæ**lli
Teich	**pond**	pond
Wald	**wood**	^{u}udd
Wasserfall	**waterfall**	^{u}**oh**töfohl
Weg	**path**	pahθ
Wiese	**meadow**	**mä**doo^{u}

WEG – RICHTUNG, Seite 76

Unterhaltung

In den meisten Städten gibt es Veranstaltungskalender, die in den größeren Hotels, am Kiosk oder bei den Fremdenverkehrsämtern erhältlich sind (z.B. in London *What's on*).

Haben Sie einen Veranstaltungskalender?	**Do you have an entertainment guide?**	duh juh hæw ön äntö**tä^{i}n**mönt geid
Wann beginnt ...?	**When does ... start?**	^{u}änn das ... sstaht
Aufführung	**the performance**	ðö pö**foh**mönss
Film	**the film**	ðö film
Konzert	**the concert**	ðö **kon**ssöt
Vorstellung	**the show**	ðö schoo^{u}
Wie lange wird es dauern?	**How long will it last?**	hau long ^{u}ill itt lahsst
Muß man vorbestellen?	**Do I have to book in advance?**	duh ei hæw tuh bukk in öd**wahnss**
Wo ist der Kartenverkauf?	**Where's the box office?**	^{u}**äös** ðö bokss **o**ffiss

Kino – Theater *Cinema – Theatre*

Was läuft heute abend im Kino?	**What's on at the cinema tonight?**	^{u}ottss onn æt ðö **ssi**nnömö tu**neit**
Was wird im ...-Theater gegeben?	**What's playing at the ... Theatre?**	^{u}ottss **plä**^{i}ing æt ðö ... **θi**ötö
Was für ein Stück ist es?	**What sort of play is it?**	^{u}ott ssoht ow plä^{i} is itt
Von wem ist es?	**Who's it by?**	huhs itt bei
Können Sie mir ... empfehlen?	**Can you recommend a ...?**	kæn juh räkö**mänd** ö
(guten) Film	**(good) film**	(gudd) film
Komödie	**comedy**	**ko**mödi
Musical	**musical**	**mjuh**siköl
Wo wird der Film von ... gezeigt?	**Where's the film by ... being shown?**	^{u}**äös** ðö film bei ... **bie**jing schoo^{u}n
Mit welchen Schauspielern?	**Who are the actors?**	huh ah ði **æk**töhs

SPORTVERANSTALTUNGEN, siehe Seite 89

Wer spielt die Hauptrolle?	**Who's playing the lead?**	huhs **plä**^{i}ing ðö lied
Wer ist der Regisseur?	**Who's the director?**	huhs ðö dei**räk**tö
Gibt es eine Ton- und Lichtschau?	**Is there a sound-and-light show?**	is **ðäör** ö ssaund-ænd-leit schoo^{u}

Oper – Ballett – Konzert *Opera – Ballet – Concert*

Können Sie mir ... empfehlen?	**Can you recommend ...?**	kæn juh räkö**mänd**
Ballett	**a ballet**	ö **bæ**lä^{i}
Konzert	**a concert**	ö **kon**ssöt
Oper	**an opera**	ön **o**prö
Operette	**an operetta**	ön opö**rät**tö
Wo ist das Opernhaus/die Konzerthalle?	**Where's the opera house/concert hall?**	^{u}äös ði **o**prö hauss/**kon**ssöt hohl
Was wird heute abend in der Oper gegeben?	**What's on at the opera tonight?**	^{u}ottss onn æt ði **o**prö tu**neit**
Wer singt/tanzt?	**Who's singing/dancing?**	huhs **ssin**ging/**dahn**ssing
Welches Orchester spielt?	**Which orchestra is playing?**	^{u}itsch **oh**kisströ is **plä**^{i}ing
Was wird gespielt?	**What are they playing?**	^{u}ott ah ðä^{i} **plä**^{i}ing
Wer ist Dirigent/Solist(in)?	**Who's the conductor/the soloist?**	huhs ðö kon**dak**tö/ðö **sso**loisst

Karten *Tickets*

Gibt es noch Karten für heute abend?	**Are there any tickets left for tonight?**	ah **ðäö** änni **tik**kitss läft foh tu**neit**
Was kosten die Plätze?	**How much are the seats?**	hau matsch ah ðö ssietss
Ich möchte 2 Plätze für ... vorbestellen.	**I'd like to reserve 2 seats ...**	eid leik tuh ri**söhw** 2 ssietss
Freitag(abend)	**for Friday (evening)**	foh **frei**dä^{i} (**iew**ning)
Nachmittagsvorstellung (am Dienstag)	**for the matinée (on Tuesday)**	foh ðö **mæ**tinä^{i} (on **tjuhs**dä^{i})

WOCHENTAGE, Seite 151

Ich möchte einen Platz ...	**I'd like a seat ...**	eid leik ö ssiet
auf dem Balkon	**in the dress circle**	in ðö dräss **ssöh**köl
auf der Galerie	**in the upper circle**	in ði appö **ssöh**köl
in einer Loge	**in a box**	in ö bokss
im Parkett	**in the stalls**	in ðö sstohls
Irgendwo in der Mitte.	**Somewhere in the middle.**	**ssam**^{u}äö in ðö **mid**döl
Kann ich bitte ein Programm haben?	**May I have a programme, please?**	mä^{i} ei hæw ö **proo**^{u}græm plies
Wo ist die Garderobe?	**Where's the cloakroom?**	^{u}**ä**ös ðö **kloo**^{u}**k**ruhm

I'm sorry, we're sold out.	Bedaure, es ist alles ausverkauft.
There are only a few seats left in the dress circle.	Es gibt nur noch ein paar Plätze auf dem Balkon.
Your ticket, please.	Ihre Karte, bitte.
This is your seat.	Das ist Ihr Platz.

Nachtklubs *Nightclubs*

Können Sie mir einen guten Nachtklub empfehlen?	**Can you recommend a good nightclub?**	kæn juh räkö**mänd** ö gudd **neit**klab
Um wieviel Uhr beginnt die Vorstellung?	**What time does the show start?**	^{u}ott teim das ðö schoo^{u} sstaht
Ist Abendgarderobe nötig?	**Is evening dress required?**	is **iew**ning dräss rik^{u}**ei**öd

Diskotheken *Discotheques*

Wo können wir tanzen gehen?	**Where can we go dancing?**	^{u}**äö** kæn ^{u}ie goo^{u} **dahn**ssing
Gibt es hier eine Diskothek?	**Is there a discotheque in town?**	is **ðäör** ö **diss**kötäk in taun
Möchten Sie tanzen?	**Would you like to dance?**	^{u}udd juh leik tuh dahnss

Sport *Sports*

Großbritannien ist eine sportbegeisterte Nation. Besonders beliebte Zuschauersportarten sind Fußball, Cricket und Rugby.

Wetten (*betting* – **bä**tting) werden vor allem bei Pferde- und Windhundrennen abgeschlossen.

In Pubs können Sie vielleicht beim Pfeilchenwerfen (*darts* – dahtss) und bei *snooker* (ss**nuh**kö), einem billardähnlichen Spiel, zusehen oder selbst mitspielen.

Die Küstenregionen bieten gute Segel- und Windsurfmöglichkeiten; Schottland und Wales eignen sich besonders für Angeln und Jagen, Golf und Bergsteigen.

Gibt es irgendeine Sportveranstaltung?	**Are there any sporting events going on?**	ah ðäö änni s**spoh**ting i**wäntss** **goo**^{u}ing on

Autorennen	**car racing**	kah **rä**^{i}ssing
Basketball	**basketball**	**bahss**kötbohl
Cricket	**cricket**	**krik**kit
Fußball	**football**	**futt**bohl
Leichtathletik	**athletics**	æθ**lä**tikss
Pferderennen	**(horse) racing**	(hohss) **rä**^{i}ssing
Radrennen	**cycle racing**	**ssei**köl **rä**^{i}ssing
Rudern	**rowing**	**roo**^{u}ing
Tennis	**tennis**	**tä**nniss
Volleyball	**volleyball**	**wol**libohl

Findet dieses Wochenende ein Fußballspiel statt?	**Is there a football match this weekend?**	is ðäö ö **futt**bohl mætsch ðiss ^{u}**ie**känd
Welche Mannschaften spielen?	**Which teams are playing?**	^{u}itsch tiems ah **plä**^{i}jing
Können Sie mir eine Karte besorgen?	**Can you get me a ticket?**	kæn juh gätt mie ö **tik**kit
Ich möchte einen Boxkampf sehen.	**I'd like to see a boxing match.**	eid leik tuh ssie ö **bok**ssing mætsch
Was kostet der Eintritt?	**What's the admission charge?**	^{u}ottss ði öd**mi**schön tschahdʒ

Wo ist die (Pferde-) Rennbahn?	**Where's the race course?**	uäös ðö räiss kohss

Und wenn Sie selbst Sport treiben wollen:

Gibt es einen Golfplatz/Tennisplatz?	**Is there a golf course/ tennis court?**	is **ðä**ör ö golf kohss/ **tä**nniss koht
Ich möchte Tennis spielen.	**I'd like to play tennis.**	eid leik tuh pläi **tä**nniss
Wieviel kostet es pro ...?	**What's the charge per ...?**	uottss ðö tschahdʒ pö
Tag/Spiel/Stunde	**day/round/hour**	däi/raund/**au**ö
Kann ich Schläger mieten?	**Can I hire rackets?**	kæn ei **hei**ö **ræ**kittss

Bergsteigen	**mountaineering**	mauntö**nie**ring
Golf	**golf**	golf
Eislaufen	**ice-skating**	**eiss**-sskäiting
Joggen	**jogging**	**dʒo**ging
Radfahren	**cycling**	**sseik**ling
Reiten	**(horse) riding**	(hohss) **rei**ding
Schwimmen	**swimming**	**ssu**imming
Segeln	**sailing**	**ssäi**ling
Skifahren	**skiing**	**sski**jing
Tennis	**tennis**	**tä**nniss
Wandern	**hiking**	heiking
Windsurfen	**windsurfing**	**uind**ssöhfing

Kann man hier in der Gegend angeln/ jagen?	**Is there any good fishing/hunting around here?**	is **ðä**ö änni gudd **fi**sching/**han**ting ö**raund hie**ö
Brauche ich einen Angelschein?	**Do I need a fishing licence?**	duh ei nied ö **fi**sching **lei**ssönss
Kann man im See/ Fluß baden?	**Can one swim in the lake/river?**	kæn uann ssuimm inn ðö läik/**ri**wö
Gibt es hier ein Schwimmbad?	**Is there a swimming pool here?**	is **ðä**ör ö **ssui**mming puhl **hie**ö
Ist es ein Freibad oder ein Hallenbad?	**Is it open-air or indoor?**	is itt **oo**upönäö oh **in**doh
Ist es geheizt?	**Is it heated?**	is itt **hie**töd
Welche Temperatur hat das Wasser?	**What's the temperature of the water?**	uottss ðö **täm**prötschö ow ðö **uoh**tö

Strand *Beach*

Ist der Strand sandig/steinig?	**Is the beach sandy/stony?**	is ðö bietsch **ssæn**di/**sstoo^{u}**ni
Ist es ungefährlich, hier zu schwimmen?	**Is it safe to swim here?**	is itt ssä^{i}f tuh ss^{u}imm **hie**ö
Gibt es einen Rettungsdienst?	**Is there a lifeguard?**	is **ðä**ör ö **leif**gahd
Ist das Wasser tief?	**Is the water deep?**	is ðö **^{u}oh**tö diep
Heute ist hoher Wellengang.	**There are some big waves today.**	**ðä**ör ah ssamm bigg ^{u}ä^{i}ws tö**dä^{i}**
Gibt es gefährliche Strömungen?	**Are there any dangerous currents?**	ah **ðä**ö **ä**nni **dä^{i}n**dʒörös **ka**rröntss
Wann ist Flut/Ebbe?	**What time is high tide/low tide?**	^{u}ott teim is hei teid/loo^{u} teid
Ich möchte ... mieten.	**I'd like to hire ...**	eid leik tuh **hei**ö
Badekabine	**a bathing hut**	ö **bä^{i}**ðing hatt
Motorboot	**a motorboat**	ö **moo^{u}**töboo^{u}t
Ruderboot	**a rowing-boat**	ö **ro^{u}**ing-boo^{u}t
Segelboot	**a sailing-boat**	ö **sä^{i}**ling-boo^{u}t
Sonnenschirm	**a sunshade**	ö **ssann**schä^{i}d
Taucher-ausrüstung	**skin-diving equipment**	**sskinn**-deiwing ök**^{u}ip**mönt
Tretboot	**a pedalo**	ö **pä**döloo^{u}
Wasserski	**some water-skis**	ssamm **^{u}oh**tö-sskies
Windsurfbrett	**a sail board**	ö **ssä^{i}l**bohd

PRIVATE BEACH	PRIVATSTRAND
NO SWIMMING	BADEN VERBOTEN

Wintersport *Winter sports*

Ich möchte skifahren/eislaufen.	**I'd like to ski/skate.**	eid leik tuh sskie/sskä^{i}t
Gibt es in der Nähe eine Eisbahn?	**Is there a skating rink near here?**	is **ðä**ör ö **sskä^{i}**ting rink **nie**ö **hie**ö
Ich möchte ...	**I'd like ...**	eid leik
Skiausrüstung	**skiing equipment**	**sski**jing ök**^{u}ip**mönt
Schlittschuhe	**some skates**	ssamm sskä^{i}tss

Bekanntschaften

Vorstellen *Introductions*

Darf ich Ihnen ... vorstellen?	**May I introduce ...?**	mä^{i} ei intrö**djuhss**
Das ist ...	**This is ...**	ðiss is
Ich heiße ...	**My name is ...**	mei nä^{i}m is
Sehr erfreut!	**How do you do?***	hau duh juh duh
Wie heißen Sie?	**What's your name?**	^{u}ottss joh nä^{i}m

Näheres Kennenlernen *Follow up*

Wie lange sind Sie schon hier?	**How long have you been here?**	hau long hæw juh bien **hieö**
Sind Sie zum ersten Mal hier?	**Is this your first visit?**	is ðiss joh föhsst **wi**sitt
Nein, wir waren schon letztes Jahr hier.	**No, we came here last year.**	noo^{u} ^{u}ie kä^{i}m **hieö** lahsst **jieö**
Gefällt es Ihnen?	**Are you enjoying yourself?**	ah juh ind**ʒeu**ing joh**ssälf**
Ja, es gefällt mir sehr gut.	**Yes, I like it very much.**	jäss ei leik itt **wä**rri matsch
Die Landschaft gefällt mir sehr.	**I like the landscape a lot.**	ei leik ðö **lænd**sskä^{i}p ö lott
Wie denken Sie über das Land/die Leute?	**What do you think of the country/ people?**	^{u}ott duh juh θink ow ðö **kan**tri/ **pie**pöl
Woher kommen Sie?	**Where do you come from?**	^{u}**äö** duh juh kamm fromm
Ich bin aus ...	**I'm from ...**	eim fromm
Ich bin ...	**I'm ...**	eim
Deutsche(r) Österreicher(in) Schweizer(in)	**German** **Austrian** **Swiss**	**dʒöh**mön **oh**sstriön ss^{u}iss

* Formelle Antwort, wenn Sie jemandem vorgestellt werden.

LÄNDER, Seite 146

Sind Sie ...-er Herkunft?	**Are you ...?**	ah juh
britisch	**British**	**bri**tisch
irisch	**Irish**	**ei**risch
schottisch	**Scottish**	**ssko**ttisch
Wo wohnen Sie?	**Where are you staying?**	^u^äör ah juh **sstä**^i^jing
Sind Sie alleine hier?	**Are you on your own?**	ah juh onn joh oo^u^n
Ich bin mit ... hier.	**I'm with my ...**	eim ^u^ið mei
meiner Frau	**wife**	^u^eif
meinem Mann	**husband**	**has**bönd
meiner Familie	**family**	**fæ**mili
meinen Kindern	**children**	**tschil**drön
meinen Eltern	**parents**	**pä**röntss
meiner Freundin	**girlfriend**	**göhl**fränd
meinem Freund	**boyfriend**	**beu**fränd

Großvater/ Großmutter	**grandfather/ grandmother**	**grænd**faðö/ **grænd**maðö
Vater/Mutter	**father/mother**	**fa**ðö/**ma**ðö
Sohn/Tochter	**son/daughter**	ssann/**doh**tö
Bruder/Schwester	**brother/sister**	**bra**ðö/**ssis**stö
Onkel/Tante	**uncle/aunt**	**an**köl/ahnt
Neffe/Nichte	**nephew/niece**	**nä**fjuh/niess
Cousin/Cousine	**cousin**	**ka**sön

Sind Sie verheiratet/ ledig?	**Are you married/ single?**	ah juh **mæ**rid/ **ssin**göl
Haben Sie Kinder?	**Do you have children?**	duh juh hæw **tschil**drön
Was machen Sie beruflich?	**What do you do?**	^u^ott duh juh duh
Wo arbeiten Sie?	**Where do you work?**	^u^äö duh juh ^u^öhk
Ich bin Student(in).	**I'm a student.**	eim ö **sstjuh**dönt
Was studieren Sie?	**What are you studying?**	^u^ott ah juh **ssta**dijing
Ich bin auf Geschäftsreise.	**I'm on a business trip.**	eim on ö **bis**niss tripp
Reisen Sie viel?	**Do you travel a lot?**	duh juh **træ**wöl ö lott

INTERESSEN, siehe Seite 83

Das Wetter *The weather*

Was für ein herrlicher Tag!	**What a lovely day!**	^{u}ott ö **law**li dä^{i}
Was für ein scheußliches Wetter!	**What awful weather!**	^{u}ott **oh**full ^{u}**ä**ðö
Welche Kälte/Hitze!	**Isn't it cold/hot?**	**i**sönt itt koo^{u}ld/hott
Es ist windig heute.	**It's a windy day today.**	itss ö ^{u}**in**di dä^{i} tö**dä**^{i}
Glauben Sie, daß es morgen ... wird?	**Do you think it's going to ... tomorrow?**	duh juh θink itss **goo**^{u}ing tuh ... tö**mo**rroo^{u}
schön sein	**be a nice day**	bie ö neiss dä^{i}
regnen	**rain**	rä^{i}n
schneien	**snow**	ssnoo^{u}
Was sagt der Wetterbericht?	**What is the weather forecast?**	^{u}ott is ðö ^{u}**ä**ðö **foh**kahsst

Blitz	**lightning**	**leit**ning
Donner	**thunder**	**θan**dö
Eis	**ice**	eiss
Frost	**frost**	frosst
Gewitter	**thunderstorm**	**θan**dösstohm
Hagel	**hail**	hä^{i}l
Himmel	**sky**	sskei
Mond	**moon**	muhn
Nebel	**fog**	fogg
Regen	**rain**	rä^{i}n
Schnee	**snow**	ssnoo^{u}
Sonne	**sun**	ssann
Stern	**star**	sstah
Sturm	**storm**	sstohm
Wind	**wind**	^{u}ind
Wolke	**cloud**	klaud

Einladungen *Invitations*

Möchten Sie am ... mit uns zu Abend essen?	**Would you like to have dinner with us on ...?**	^{u}udd juh leik tuh hæw **di**nnö ^{u}ið ass onn
Darf ich Sie zum Mittagessen einladen?	**May I invite you for lunch?**	mä^{i} ei in**weit** juh foh lantsch

WOCHENTAGE, Seite 151

Kommen Sie heute abend auf ein Gläschen zu uns?	**Can you come round for a drink this evening?**	kæn juh kamm raund **fohr** ö drink ðiss **iew**ning
Es gibt eine Party. Kommen Sie auch?	**There's a party. Are you coming?**	ðäös ö **pah**ti. ah juh **ka**mming
Das ist sehr nett von Ihnen.	**That's very kind of you.**	ðætss **wä**rri keind ow juh
Prima, ich komme gerne.	**Great. I'd love to come.**	grä^{i}t. eid law tuh kamm
Wann sollen wir kommen?	**What time shall we come?**	^{u}ott teim schæll ^{u}ie kamm
Kann ich einen Freund/eine Freundin mitbringen?	**May I bring a friend?**	mä^{i} ei bring ö fränd
Wir müssen leider gehen.	**I'm afraid we've got to leave.**	eim ö**frä^{i}d** ^{u}iew gott tuh liew
Nächstes Mal müssen Sie uns besuchen.	**Next time you must come to visit us.**	näksst teim juh masst kamm tuh **wi**sitt ass
Vielen Dank für den schönen Abend.	**Thanks for the lovely evening.**	θænkss foh ðö **law**li **iew**ning

Verabredung *Dating*

Stört es Sie, wenn ich rauche?	**Do you mind if I smoke?**	duh juh meind iff ei ssmoo^{u}k
Möchten Sie eine Zigarette?	**Would you like a cigarette?**	^{u}udd juh leik ö ssigö**rätt**
Können Sie mir Feuer geben, bitte?	**Do you have a light, please?**	duh juh hæw ö leit plies
Warum lachen Sie?	**Why are you laughing?**	^{u}ei ah juh **lah**fing
Spreche ich so schlecht Englisch?	**Is my English that bad?**	is mei **ing**glisch ðæt bæd
Darf ich mich hier hinsetzen?	**Do you mind if I sit down here?**	duh juh meind iff ei ssitt daun **hie**ö
Möchten Sie etwas trinken?	**Can I get you a drink?**	kæn ei gätt juh ö drink
Warten Sie auf jemanden?	**Are you waiting for someone?**	ah juh **^{u}ä^{i}**ting foh **ssamm**^{u}ann

Sind Sie heute abend frei?	**Are you free this evening?**	ah juh frie ðiss **iew**ning
Möchten Sie heute abend mit mir ausgehen?	**Would you like to go out with me tonight?**	^{u}udd juh leik tuh goo^{u} aut ^{u}ið mie tö**neit**
Möchten Sie tanzen gehen?	**Would you like to go dancing?**	^{u}udd juh leik tuh goo^{u} **dahn**ssing
Ich kenne eine gute Diskothek.	**I know a good discotheque.**	ei noo^{u} ö gudd **diss**kötäk
Wollen wir ins Kino gehen?	**Shall we go to the cinema?**	schæll ^{u}ie goo^{u} tuh ðö **ssi**nömö
Wollen wir eine Ausfahrt machen?	**Shall we go for a drive?**	schæll ^{u}ie goo^{u} fohr ö dreiw
Wo treffen wir uns?	**Where shall we meet?**	**^{u}ä**ö schæll ^{u}ie miet
Ich hole Sie in Ihrem Hotel ab.	**I'll pick you up at your hotel.**	eill pikk juh app æt joh hoo^{u}**täll**
Ich hole Sie um 8 Uhr ab.	**I'll call for you at 8.**	eill kohl foh juh æt 8
Darf ich Sie/dich nach Hause bringen?	**May I take you* home?**	mä^{i} ei tä^{i}k juh hoo^{u}m
Kann ich Sie/dich wiedersehen?	**Can I see you again tomorrow?**	kæn ei ssie juh ö**gän** tö**mor**roo^{u}

… und so wollen Sie vielleicht antworten:

Danke, sehr gern.	**I'd love to, thank you.**	eid law tuh θænk juh
Vielen Dank, aber ich habe keine Zeit.	**Thank you, but I'm busy.**	θænk juh batt eim **bi**si
Nein, das interessiert mich nicht.	**No, I'm not interested, thank you.**	noo^{u} eim nott **in**trisstöd θænk juh
Lassen Sie mich bitte in Ruhe!	**Leave me alone, please.**	liew mie ö**loo^{u}n** plies
Danke, es war sehr schön.	**Thank you, it was lovely.**	θænk juh itt ^{u}os **law**li
Ich habe mich gut unterhalten.	**I've enjoyed myself.**	eiw in**dʒeud** meis**sälf**

* »You« bedeutet sowohl »Sie« als auch »du«.

Einkaufsführer

Dieser Einkaufsführer soll Ihnen helfen, leicht und schnell genau das zu finden, was Sie suchen. Er enthält:

1. Eine Liste der wichtigsten Läden und Geschäfte (S. 98).
2. Allgemeine Ausdrücke und Redewendungen fürs Einkaufen (S. 100).
3. Wichtige Geschäfte in Einzelheiten: Unter den folgenden Überschriften finden Sie Ratschläge und alphabetische Listen der Artikel.

Geschäfte und Läden *Shops and stores*

Die Geschäfte sind gewöhnlich von 9 bis 17.30 oder 18 Uhr ohne Unterbrechung geöffnet, einmal in der Woche - mittwochs oder donnerstags - bis 20 Uhr.

Wann öffnet/schließt ...?	**When does ... open/close?**	ᵘänn das ... **oo**ᵘpön/klooᵘs
Wo ist der/die/das nächste ...?	**Where's the nearest ...?**	ᵘ**ä**ös ðö **nie**örösst
Andenkenladen	**souvenir shop**	ssuhwö**ni**ö schopp
Antiquitätengeschäft	**antique shop**	æn**tiek** schopp
Apotheke	**chemist's***	**kä**misstss
Bäckerei	**baker's**	**bä**ⁱkös
Blumengeschäft	**florist's**	**flo**risstss
Buchhandlung	**bookshop**	**bukk**schopp
Delikatessengeschäft	**delicatessen**	dälikö**täss**ön
Drogerie	**chemist's**	**kä**misstss
Einkaufszentrum	**shopping centre**	**scho**pping **ssän**tö
Eisenwarenhandlung	**ironmonger's**	**ei**önmangös
Elektrogeschäft	**electric shop**	ä**läk**trik schopp
Fischhandlung	**fishmonger's**	**fisch**mangös
Fleischerei	**butcher's**	**bu**tschös
Flohmarkt	**flea market**	flie **mah**kitt
Fotogeschäft	**camera shop**	**kæ**mörö schopp
Gebrauchtwarenladen	**second-hand shop**	ss**ä**könd-hænd schopp
Gemüsehandlung	**greengrocer's**	**grien**grooᵘssös
Goldschmied	**goldsmith**	**goo**ᵘ**ld**ssmiθ
Juwelier	**jeweller's**	**dʒuh**ölös
Kleidergeschäft	**clothes shop**	klooᵘðs schopp
Konditorei	**cake shop**	käⁱk schopp
Kurzwarenhandlung	**haberdasher's**	**hæ**bödæschös
Lebensmittelgeschäft	**grocer's**	**groo**ᵘssös
Lederwarengeschäft	**leather goods shop**	**lä**ðö guds schopp
Markt	**market**	**mah**kitt
Metzgerei	**butcher's**	**bu**tschös
Milchhandlung	**dairy**	**dä**öri
Musikalienhandlung	**music shop**	**mjuh**sik schopp
Optiker	**optician**	op**ti**schön
Parfümerie	**perfumery**	pö**fjuh**möri

* *Chemist's* ist eigentlich eine Kurzform für *chemist's shop, baker's* für *baker's shop* usw. Die Kurzform mit *'s* hat sich in der Umgangssprache inzwischen so eingebürgert, daß man sie auch schriftlich übernommen hat.

Pelzgeschäft	**furrier's**	**för**riös
Reformhaus	**health food shop**	häl θ fuhd schopp
Schreibwaren-handlung	**stationer's**	**sstä^{i}**schönös
Schuhgeschäft	**shoe shop**	schuh schopp
Spielwarengeschäft	**toy shop**	teu schopp
Spirituosenhandlung	**off-licence**	**off**-leissöns
Sportgeschäft	**sporting goods shop**	**sspoh**ting guds schopp
Stoffladen	**draper's**	**drä^{i}**pös
Supermarkt	**supermarket**	**ssuh**pömahkitt
Süßwarenladen	**sweet shop**	ss^{u}iet schopp
Tabakladen	**tobacconist's**	to**bæ**könisstss
Uhrengeschäft	**watchmaker's**	**^{u}otsch**mä^{i}kös
Warenhaus	**department store**	di**paht**mönt sstoh
Weinhandlung	**wine merchant**	^{u}ein **möh**tschönt
Zeitungsstand	**newsstand**	**njuh**sstænd

SALE
AUSVERKAUF

CLEARANCE
SCHLUSSVERKAUF

Nützliche Einrichtungen *Some useful services*

Bank	**bank**	bænk
Bibliothek	**library**	**lei**bröri
chemische Reinigung	**dry cleaner's**	drei **klie**nös
Damenschneiderin	**dressmaker**	**dräss**mä^{i}kö
Fotograf	**photographer's**	fo**to**gröfös
Friseur	**hairdresser's**	**hä**ödrässös
Fundbüro	**lost property office**	losst **prop**pöti offiss
Herrenschneider	**tailor's**	**tä^{i}**lös
Kosmetiksalon	**beauty salon**	**bjuh**ti **ssæ**lon
Kunstgalerie	**art gallery**	aht **gæ**löri
Polizeiwache	**police station**	pö**liess sstä^{i}**schön
Postamt	**post office**	poo^{u}sst **off**iss
Reisebüro	**travel agency**	**træ**wöl **ä^{i}**dʒönssi
Schuhmacher	**shoemaker's**	**schuh**mä^{i}kös
Tankstelle	**petrol station**	pä**tröl sstä^{i}**schön
Tierarzt	**veterinarian**	wätöri**nä**öriön
Uhrmacher	**watchmaker's**	**^{u}otsch**mä^{i}kös
Wäscherei	**laundry**	**lohn**dri
Waschsalon	**launderette**	lohndö**rätt**
Wechselstube	**currency exchange office**	**ka**rrönssi äks**stschä^{i}**ndʒ offiss

WÄSCHEREI, Seite 29/FRISEUR, Seite 30

Allgemeine Redewendungen *General expressions*

Wo? *Where?*

Wo kann ich ... kaufen?	**Where can I buy ...?**	^{u}äö kæn ei bei
Wo finde ich ...?	**Where can I find a ...?**	^{u}äö kæn ei feind ö
Wo ist das Haupteinkaufsviertel?	**Where's the main shopping area?**	^{u}äös ðö mä^{i}n **schop**ping **ä**öriö
Gibt es hier ein Warenhaus?	**Is there a department store here?**	is **ð**äö ö di**paht**mönt sstoh **hie**ö
Wie komme ich dorthin?	**How do I get there?**	hau duh ei gätt **ð**äö

Bedienung *Service*

Können Sie mir helfen?	**Can you help me?**	kæn juh hälp mie
Ich suche ...	**I'm looking for ...**	eim **lu**kking foh
Ich sehe mich nur um.	**I'm just looking.**	eim dʒasst **lu**kking
Haben/Verkaufen Sie ...?	**Do you have/sell ...?**	duh juh hæw/ssäll
Ich möchte ...	**I'd like ...**	eid leik
Können Sie mir ... zeigen?	**Can you show me ...?**	kæn juh schoo^{u} mie
dies hier/das da	**this/that**	ðiss/ðæt
das im Schaufenster/ in der Vitrine	**the one in the window/display case**	ðö ^{u}ann in ðö ^{u}**in**doo^{u}/ diss**plä**^{i} kä^{i}ss

Beschreibung des Artikels *Defining the article*

Es sollte ... sein.	**I'd like ... one.**	eid leik ... ^{u}ann
elegant	**an elegant**	ön **ä**lligönt
leicht	**a light**	ö leit
modern	**a modern**	ö **mo**dön
originell	**an original**	ön o**rid**ʒinöl
robust	**a sturdy**	ö **sstöh**di
Ich möchte nichts zu Teures.	**I don't want anything too expensive.**	ei doo^{u}nt ^{u}ant **ä**nniθing tuh ikss**pä**nssiw

WEG – RICHTUNG, Seite 76

breit/schmal	**wide/narrow**	^{u}eid/**næ**rroo^{u}
lang/kurz	**long/short**	long/schoht
oval	**oval**	**oo**^{u}wöl
rechteckig	**rectangular**	räk**tæ**ngjulö
rund	**round**	raund
viereckig	**square**	ssk^{u}äö

Ich hätte lieber ... *I'd prefer ...*

Können Sie mir noch etwas anderes zeigen?	**Can you show me something else?**	kæn juh schoo^{u} mie **ssam**θing älss
Haben Sie nichts ...?	**Don't you have anything ...?**	doo^{u}nt juh hæw änniθing
Billigeres/Besseres Größeres/Kleineres	**cheaper/better** **larger/smaller**	**tschie**pö/**bä**ttö **lah**dʒö/**ssmoh**lö
Es ist zu ...	**It's too ...**	ittss tuh
groß/klein hell/dunkel	**big/small** **light/dark**	bigg/ssmohl leit/dahk

Wieviel? *How much?*

Wieviel kostet das?	**How much is this?**	hau matsch is ðiss
Ich verstehe nicht.	**I don't understand.**	ei doo^{u}nt andö**sstænd**
Schreiben Sie es bitte auf.	**Please write it down.**	plies reit itt daun
Ich will nicht mehr als ... Pfund ausgeben.	**I don't want to spend more than ... pounds.**	ei doo^{u}nt ^{u}ant tuh sspänd moh ðæn ... paunds

Entscheidung *Decision*

Ich nehme es.	**I'll take it.**	eill tä^{i}k itt
Nein, das gefällt mir nicht.	**No, I don't like it.**	noo^{u} ei doo^{u}nt leik itt
Die Farbe/Form gefällt mir nicht.	**I don't like the colour/the shape.**	ei doo^{u}nt leik ðö **ka**llö/ðö schä^{i}p
Das ist nicht ganz, was ich möchte.	**It's not quite what I want.**	itss not k^{u}eit ^{u}ott ei ^{u}ant

FARBEN, Seite 109/ZAHLEN, Seite 147

Sonst noch etwas? *Anything else?*

Nein danke, das ist alles.	**No, thanks, that's all.**	noo^{u} θænkss ðætss oll

Bestellen *Ordering*

Können Sie es für mich bestellen?	**Can you order it for me?**	kæn juh **oh**dö itt foh mie
Wie lange dauert es?	**How long will it take?**	hau long ^{u}ill itt tä^{i}k

Lieferung *Delivery*

Liefern Sie es ins Hotel ...	**Deliver it to the ... hotel.**	di**li**wö itt tuh ðö hoo^{u}**täll**
Schicken Sie es bitte an diese Adresse.	**Please send it to this address.**	plies ssänd itt tuh ðiss ö**dräss**
Werde ich beim Zoll Schwierigkeiten haben?	**Will I have any difficulty with the customs?**	^{u}ill ei hæw **än**ni **dif**fikölti ^{u}ið ðö **kass**töms

Bezahlen *Paying*

Was kostet es?	**How much is it?**	hau matsch is itt
Kann ich mit ... bezahlen?	**Can I pay by ...?**	kæn ei pä^{i} bei
Eurocheque	**eurocheque**	**juh**roo^{u}tschäk
Kreditkarte	**credit card**	**krä**ditt kahd
Reisescheck	**traveller's cheque**	**træ**wölös tschäk
Nehmen Sie ausländisches Geld?	**Do you accept foreign currency?**	duh juh ök**ssäpt fo**rön **ka**rrönssie
Muß ich Mehrwertsteuer zahlen?	**Do I have to pay the VAT?**	du ei hæw tuh pä^{i} ðö wie ä^{i} tie
Ich glaube, Sie haben sich verrechnet.	**I think there's a mistake in the bill.**	ei θink **ðä**ös ö miss**tä^{i}k** in ðö bill
Kann ich eine Quittung haben?	**May I have a receipt?**	mä^{i} ei hæw ö ri**ssiet**
Kann ich bitte eine Tragetasche haben?	**May I have a bag, please?**	mä^{i} ei hæw ö bæg plies
Würden Sie es mir bitte einpacken?	**Could you wrap it up for me, please?**	kudd juh ræp itt app foh mie plies

Can I help you?	Kann ich Ihnen helfen?
What would you like?	Was wünschen Sie?
I'm sorry, we don't have any.	Das haben wir leider nicht.
We're out of stock.	Das haben wir nicht vorrätig.
Shall we order it?	Sollen wir es bestellen?
Will you take it with you or shall we send it?	Nehmen Sie es mit oder sollen wir es schicken?
That's ... pounds, please.	Das macht ... Pfund, bitte.

Unzufrieden *Dissatisfied*

Kann ich dies bitte umtauschen?	**Can I exchange this, please?**	kæn ei äkss**tschä^{i}ndʒ** ðiss plies
Ich möchte das zurückgeben.	**I'd like to return this.**	eid leik tuh ri**töhn** ðiss
Ich möchte das Geld zurückerstattet haben.	**I'd like a refund.**	eid leik ö rie**fand**
Hier ist die Quittung.	**Here's the receipt.**	**hie**ös ðö ri**ssiet**

Im Warenhaus *At the department store*

Wo ist ...?	**Where is ...?**	^{u}äö ris
Auf welchem Stockwerk?	**On which floor?**	on ^{u}itsch floh
Wo ist ...?	**Where's the ...?**	^{u}äös ðö
Aufzug	**lift**	lift
Rolltreppe	**escalator**	**äss**kölä^{i}tö
Treppe	**staircase**	**sstäö**kä^{i}ss
Wo ist die Kasse?	**Where's the cash desk?**	^{u}äös ðö kæsch dässk

ENTRANCE	EINGANG
EXIT	AUSGANG
EMERGENCY EXIT	NOTAUSGANG

Apotheke – Drogerie *Chemist's*

Auf den Schildern der englischen Apotheken steht oft *pharmacy* (**fah**mössi), doch werden sie gewöhnlich *chemist's* (**kä**mmisstss) genannt. Der *chemist's* hat sowohl die Funktion einer Apotheke als auch einer Drogerie/Parfümerie.

Zur besseren Übersicht ist dieses Kapitel in zwei Teile gegliedert:

1. Arzneien, Medikamente, Erste Hilfe
2. Kosmetik- und Toilettenartikel

Allgemeines *General*

Wo ist die nächste Apotheke (mit Nachtdienst)?	**Where's the nearest (all-night) chemist's?**	^{u}äös ðö **nie**rösst (**ohl**neit) **kä**mmisstss
Um wieviel Uhr öffnet/schließt die Apotheke?	**What time does the chemist's open/ close?**	^{u}ott teim das ðö **kä**mmisstss **oo**^{u}pön/ kloo^{u}s

1–Arzneien *Pharmaceutical*

Ich möchte etwas gegen ...	**I'd like something for ...**	eid leik **ssamm**θing foh
Erkältung	**a cold**	ö koo^{u}ld
Fieber	**a fever**	ö **fie**wö
Heuschnupfen	**hayfever**	**hä**^{i}fiewö
Husten	**a cough**	ö koff
Insektenstiche	**insect bites**	**in**ssäkt beitss
Kater	**a hangover**	ö **hæng**oo^{u}wö
Kopfschmerzen	**a headache**	ö **häddä**^{i}k
Magenverstimmung	**an upset stomach**	ön **ap**ssätt **ssta**mök
Reisekrankheit	**travel sickness**	**træ**wöl **ssik**näss
Sonnenbrand	**sunburn**	**ssan**böhn
Übelkeit	**nausea**	**noh**sjö
Verdauungsstörungen	**indigestion**	indi**dʒäss**tschön
Kann ich es ohne Rezept bekommen?	**Can I get it without a prescription?**	kæn ei gätt itt ^{u}i**ðaut** ö pris**skrip**schön
Haben Sie homöopathische Mittel?	**Do you have any homeopathic remedies?**	duh juh hæw **ä**nni **hoo**^{u}mjoo^{u}pæθik **rä**mödies

ARZT, Seite 137

Ich möchte ...	**I'd like ...**	eid leik
Abführmittel	**a laxative**	ö **læk**ssötiew
Aspirin	**some aspirins**	ssamm **æs**sprins
Augentropfen	**some eye drops**	ssamm **ei** droppss
Beruhigungsmittel	**some tranquillizers**	ssamm **trænk**ᵘileisös
Damenbinden	**some sanitary towels**	ssamm **ssæ**nitöri **tau**öls
Desinfektionsmittel	**a disinfectant**	ö dissin**fäk**tönt
elastische Binde	**an elastic bandage**	ön i**læss**tik **bæn**didʒ
fiebersenkendes Mittel	**an antipyretic**	ön **æn**tipeirättik
Fieberthermometer	**a thermometer**	ö θö**mo**mitö
Gaze	**some gauze**	ssamm gohs
Halspastillen	**some throat lozenges**	ssamm θrooᵘt **lo**sindʒis
Heftpflaster	**some Elastoplast**	ssamm ä**læss**töplahsst
Hühneraugenpflaster	**some corn plasters**	ssamm kohn **plahss**tös
Hustensirup	**some cough syrup**	ssamm koff **ssi**röp
Insektenschutz	**an insect repellent**	ön **in**ssäkt ripälönt
Insektizid	**an insect spray**	ön **in**ssäkt ssprä[i]
Jod	**some iodine**	ssamm **ei**ödien
Kohletabletten	**some charcoal tablets**	ssamm **tschah**kooᵘl **tæ**blötss
Nasentropfen	**some nose drops**	ssamm nooᵘs dropss
Ohrentropfen	**some ear drops**	ssamm **ie**ö dropss
... salbe	**some ... cream**	ssamm ... kriem
Präservative	**some condoms**	ssamm **kon**döms
Schlafmittel	**some sleeping pills**	ssamm **sslie**ping pils
Schmerzmittel	**an analgesic**	ön ænæl**dʒie**ssik
... tabletten	**some ... tablets**	ssamm ... **tæ**blötss
Tampons	**some tampons**	ssamm **tæm**pons
Verband	**a bandage**	ö **bæn**didʒ
Verbandkasten	**a first-aid kit**	ö föhsst ä[i]d kitt
Verbandmull	**some gauze**	ssamm gohs
Verhütungsmittel	**some contraceptives**	ssamm kontrö**ssäp**tiws
Vitamin	**some vitamins**	ssamm **wit**tömins
Brausetabletten	**some fizzy tablets**	ssamm **fi**sie **tæ**blötss
Watte	**some cotton wool**	ssamm **kot**tön ᵘuhl
Wundsalbe	**some antiseptic cream**	ssamm æntis**säp**tik kriem
Zäpfchen	**some suppositories**	ssamm ssö**po**sitris

POISON	GIFT
FOR EXTERNAL USE ONLY	NICHT EINNEHMEN

KÖRPERTEILE, Seite 138

2 – Kosmetik- und Toilettenartikel *Toiletry*

Ich hätte gern ...	**I'd like ...**	eid leik
Abschminkwatte	**some make-up remover pads**	ssamm mä^{i}k-app rimuwö pæds
Adstringens	**an astringent**	ön æsstrindʒönt
Augenbrauenstift	**an eyebrow pencil**	ön eibrau pänssil
Badesalz	**some bath salts**	ssamm baθ ssohltss
Creme	**some cream**	ssamm kriem
für trockene/normale/fettige Haut	**for dry/normal/ greasy skin**	foh drei/nohmöl/ griessi sskin
Feuchtigkeitscreme	**moisturizing cream**	meusstschöreising kriem
Nachtcreme	**night cream**	neit kriem
Reinigungscreme	**cleansing cream**	klänsing kriem
Tagescreme	**day cream**	dä^{i} kriem
Unterlagscreme	**foundation cream**	faundä^{i}schön kriem
Deodorant	**a deodorant**	ö dioodörönt
Fußcreme	**some foot cream**	ssamm futt kriem
Gesichtspuder	**some face powder**	ssamm fä^{i}ss paudö
Haarentfernungsmittel	**some depilatory cream**	ssamm dipillötri kriem
Handcreme	**some hand cream**	ssamm hænd kriem
Körpermilch	**some body lotion**	ssamm boddi loo^{u}schön
Körperpuder	**some talcum powder**	ssamm tælköm paudö
Lidschatten	**some eye shadow**	ssamm ei schædoo^{u}
Lidstift	**an eye-liner**	ön eileinö
Lippenpomade	**some lipsalve**	ssamm lippssahlw
Lippenstift	**some lipstick**	ssamm lipsstik
Mundwasser	**some mouthwash**	ssamm mauθ^{u}osch
Nagelbürste	**a nail brush**	ö nä^{i}l brasch
Nagelfeile	**a nail file**	ö nä^{i}l feil
Nagelhautentferner	**some cuticle remover**	ssamm kjuhtiköl rimuhwö
Nagellack	**some nail polish**	ssamm nä^{i}l pollisch
Nagellackentferner	**some nail polish remover**	ssamm nä^{i}l pollisch rimuhwö
Nagelschere	**some nail scissors**	ssamm nä^{i}l ssisös
Nagelzange	**some nail clippers**	ssamm nä^{i}l klippös
Papiertaschentücher	**some tissues**	ssamm tischuhs
Parfüm	**some perfume**	ssamm pöhfjuhm
Pinzette	**some tweezers**	ssamm t^{u}iesös
Puder	**some powder**	ssamm paudö
Rasierapparat	**a razor**	ö rä^{i}sö
Rasiercreme	**some shaving cream**	ssamm schä^{i}wing kriem
Rasierklingen	**some razor blades**	ssamm rä^{i}sö blä^{i}ds

Rasierpinsel	**a shaving brush**	ö **schä^{i}**wing brasch
Rasierwasser	**some after-shave lotion**	ssamm **ahf**töschä^{i}w lo^{u}schön
Reisenecessaire	**a travelling toilet kit**	ö **træ**wöling **teu**litt kitt
Rouge	**a blusher**	ö **bla**schö
Schaumbad	**some bubble bath**	ssamm **bab**böl baθ
Schwamm	**a sponge**	ö sspandʒ
Seife	**some soap**	ssamm ssoo^{u}p
Sicherheitsnadeln	**some safety pins**	ssamm **ssä^{i}**fti pins
Sonnencreme	**some sun-tan cream**	ssamm **ssan**tæn kriem
Sonnenöl	**some sun-tan oil**	ssamm **ssan**tæn eul
Toilettenpapier	**some toilet paper**	ssamm **teu**litt **pä^{i}**pö
Wimperntusche	**some mascara**	ssamm mæss**ka**rö
Zahnbürste	**a toothbrush**	ö **tuθ**brasch
Zahnpasta	**some toothpaste**	ssamm **tuθ**pä^{i}sst

Für Ihr Haar *For your hair*

Haarbürste	**a hairbrush**	ö **hä**öbrasch
(Haar)färbemittel	**a (hair) dye**	ö (**hä**ö) dei
Haarfestiger	**some setting lotion**	ssamm **ssä**tting **loo^{u}**schön
Haar-Gel	**some hair gel**	ssamm **hä**ö dʒäl
Haarklemmen	**some hair grips**	ssamm **hä**ö grippss
Haarnadeln	**some hair pins**	ssamm **hä**ö pins
Haarspange	**a hair slide**	ö **hä**ö ssleid
Haarspray	**some hair spray**	ssamm **hä**ö ssprä^{i}
Haarwaschmittel	**a shampoo**	ö schæm**puh**
für fettiges/ normales/ trockenes Haar	**for greasy/ normal/ dry hair**	foh **gri**essi/ **noh**möl/ drei **hä**ö
gegen Schuppen	**against dandruff**	ö**gänsst dæn**draf
Haarwasser	**some hair lotion**	ssamm **hä**ö **loo^{u}**schön
Kamm	**a comb**	ö koo^{u}m
Lockenwickler	**some curlers**	ssamm **köh**lös
Perücke	**a wig**	ö ^{u}ig
Tönungsmittel	**a tint**	ö tint
Tönungsshampoo	**a colour shampoo**	ö **ka**llö schæm**puh**
Trockenshampoo	**a dry shampoo**	ö drei schæm**puh**

Für den Säugling *For the baby*

Saugflasche	**a feeding bottle**	ö **fie**ding **bot**töl
Säuglingsnahrung	**some baby food**	ssamm **bä^{i}**bi fuhd
Schnuller	**a dummy**	ö **dam**mi
Windeln	**some nappies**	ssamm **næ**ppies

Bekleidung *Clothing*

Sehen Sie sich die Liste auf Seiten 112/113 an und überlegen Sie sich gewünschte Größe, Farbe und Stoff. Die nötigen Angaben finden Sie auf den folgenden Seiten.

Allgemeines *General*

Wo ist ein gutes Kleidergeschäft?	**Where's there a good clothes shop?**	^{u}äös **ðä**ö ö gudd kloo^{u}ðs schopp
Ich möchte einen Pullover für ...	**I'd like a pullover for ...**	eid leik o **pull**oo^{u}wö fohr
eine Frau/einen Mann	**a woman/a man**	ö ^{u}**u**mön/ö mæn
einen Jungen/ ein Mädchen (von 10 Jahren)	**a (10-year-old) boy/girl**	ö (10-**jie**öroo^{u}ld) beu/göhl
Der im Schaufenster gefällt mir.	**I like the one in the window.**	ei leik ðö ^{u}ann inn ðö ^{u}**in**doo^{u}

Größe *Size*

In Großbritannien wie auch in anderen europäischen Ländern unterliegen Kleider- und Schuhgrößen je nach Artikel und Hersteller geringfügigen Abweichungen. Die in den folgenden Tabellen angegebenen Größen können demnach nur als Richtwerte gelten.

Kleider/Unterwäsche (Damen)					
GB	10/32	12/34	14/36	16/38	18/40
D-CH-A	36	38	40	42	44

Anzüge/Mäntel (Herren)						
GB	36	38	40	42	44	46
D-CH-A	46	48	50	52	54	56

Hemden						
GB	14	14½	15	15½	16	17
D-CH-A	36	37	38	39	40	42

Schuhe									
GB	4	5	6	6½/7	7½	8	9	10	11
D-CH-A	37	38	39	40	41	42	43	44	45

KLEIDUNGSSTÜCKE UND ZUBEHÖR, Seite 112

groß	**large (L)**	lahd$ʒ$
mittel	**medium (M)**	**mie**diöm
klein	**small (S)**	ssmohl
größer/kleiner	**larger/smaller**	**lah**d$ʒ$ö/**ssmoh**lö

Ich habe Größe 38.	**I take size 38.**	ei tä^{i}k sseis 38
Ich kenne die englischen Größen nicht.	**I don't know the English sizes.**	ei doo^{u}nt noo^{u} ði **ing**lisch **ssei**sis
Können Sie mir Maß nehmen?	**Could you measure me?**	kudd juh **mä**$ʒ$ö mie

Farbe *Colour*

beige	**beige**	bä^{i}$ʒ$
blau	**blue**	bluh
braun	**brown**	braun
gelb	**yellow**	**jäl**loo^{u}
goldfarben	**golden**	**goo^{u}l**dön
grau	**grey**	grä^{i}
grün	**green**	grien
lila	**lilac**	**lei**lök
orange	**orange**	**or**rind$ʒ$
rosa	**pink**	pink
rot	**red**	rädd
schwarz	**black**	blæk
silbern	**silver**	**ssil**wö
türkisfarben	**turquoise**	**töhk^{u}**eus
violett	**violet**	**wei**ölit
weiß	**white**	^{u}eit
hell-	**light ...**	leit
dunkel-	**dark ...**	dahk

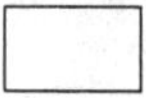

plain
(plä^{i}n)

striped
(sstreipt)

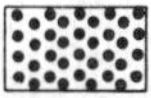

polka dots
(**pol**kö dotss)

checked
(tschäkt)

patterned
(**pæ**tönd)

Haben Sie etwas in Schottenmuster?	**Do you have anything in tartan?**	duh juh hæw **än**niθing inn **tah**tön

Ich möchte ...	**I'd like ...**	eid leik
einen helleren Ton	**a lighter shade**	ö **lei**tö schä[i]d
einen dunkleren Ton	**a darker shade**	ö **dah**kö schä[i]d
etwas hierzu Passendes	**something to match this**	**ssamm**θing tu mætsch ðiss
etwas Buntes	**something colourful**	**ssamm**θing **ka**llöful
Ich möchte eine andere Farbe/dieselbe Farbe wie ...	**I'd like another colour/the same colour as ...**	eid leik ö**na**ðö **ka**llö/ðö ssä[i]m **ka**llö æs
Die Farbe gefällt mir nicht.	**I don't like the colour.**	ei doo[u]nt leik ðö **ka**llö

Material *Material*

Ich möchte etwas aus ...	**I'd like something in ...**	eid leik **ssamm**θing in
Was für Stoff/Material ist es?	**What fabric/material is it?**	[u]ott **fæ**brik/mö**ti**riöl is itt
Ich möchte etwas Dünneres/Dickeres.	**I'd like something thinner/thicker.**	eid leik **ssamm**θing **θi**nnö/**θi**kkö
Was ist es?	**What is it?**	[u]ott is itt

Batist	**cambric**	**kä[i]m**brik
Baumwolle	**cotton**	**ko**ttön
Chiffon	**chiffon**	**schi**ffon
Filz	**felt**	fält
Flanell	**flannel**	**flæ**nöl
Frottee	**towelling**	**tau**öling
Gabardine	**gabardine**	**gæ**bödien
Jeansstoff	**denim**	**dä**nnim
Kamelhaar	**camel-hair**	**kæ**mölhäö
Kammgarn	**worsted**	**[u]uss**tid
Kord	**corduroy**	**koh**döreu
Krepp	**crepe**	krä[i]p
Leder	**leather**	**lä**ðö
Leinen	**linen**	**li**nnin
Samt	**velvet**	**wäl**wit
Satin	**satin**	**ssæ**tin
Schottenstoff	**tartan**	**tah**tön
Seide	**silk**	ssilk
Spitze	**lace**	lä[i]ss
Wildleder	**suede**	ss[u]ä[i]d
Wolle	**wool**	[u]ul

Ist es ...?	**Is it ...?**	is itt
reine Baumwolle/ Wolle	**pure cotton/ wool**	pjuö **ko**ttön/ ^{u}**ul**
synthetisch	**synthetic**	ssin**θä**ttik
Ist es ein inländisches Fabrikat/importiert?	**Is it made here/ imported?**	is itt mä^{i}d **hieö**/im**poh**tid
Ist es Handarbeit?	**Is it handmade?**	is itt **hænd**mä^{i}d
Kann man es mit der Hand/in der Maschine waschen?	**Is it hand washable/ machine washable?**	is itt hænd ^{u}**o**schöböl/ mö**schien** ^{u}**o**schöböl
Läuft es beim Waschen ein?	**Will it shrink?**	^{u}ill itt schrink
Ist es ...?	**Is it ...?**	is itt
farbecht	**colourfast**	**ka**llöfahsst
knitterfrei	**crease resistant**	kriess ri**si**sstönt
pflegeleicht	**easy-care**	**ie**sikäö

Und da wir beim Stoff sind:

Ich möchte 2 Meter von diesem Stoff.	**I'd like 2 metres of this fabric.**	eid leik 2 **mie**tös ow ðiss **fæ**brik
Was kostet der Meter?	**How much is it per metre?**	hau matsch is itt pö **mie**tö

1 Zentimeter (cm)	**1 centimetre**	1 **ssän**timietö
1 Meter (m)	**1 metre**	1 **mie**tö
3,50 Meter	**3 and a half metres**	3 ænd ö hahf **mie**tös

Paßt es? *A good fit?*

Kann ich es anprobieren?	**Can I try it on?**	kæn ei trei itt onn
Wo ist die Umkleidekabine?	**Where's the fitting room?**	^{u}äös ðö **fi**tting ruhm
Gibt es einen Spiegel?	**Is there a mirror?**	is **ðäö** ö **mi**rrö
Es paßt sehr gut.	**It fits very well.**	itt fitss **wä**rri ^{u}äll
Es paßt nicht.	**It doesn't fit.**	itt **da**sönt fitt
Es ist zu ...	**It's too ...**	itss tuh
kurz/lang	**short/long**	schoht/long
eng/weit	**tight/loose**	teit/luhss

ZAHLEN, Seite 147/UMRECHNUNGSTABELLEN, Seite 158

Können Sie es ändern?	**Can you alter it?**	kæn juh **ohl**tö itt
Wie lange brauchen Sie für die Änderung?	**How long will it take to alter?**	hau long ^{u}ill itt tä^{i}k tuh **ohl**tö
Ich möchte es so schnell wie möglich.	**I'd like it as soon as possible.**	eid leik itt æs ssuhn æs **poss**iböl
Kann ich das umtauschen?	**Can I exchange this?**	kæn ei äkss**tschä^{i}ndʒ** ðiss

Kleidungsstücke und Zubehör *Clothes and accessories*

Ich möchte ...	**I'd like ...**	eid leik
Abendkleid	**an evening dress**	ön **iew**ning dräss
Anzug	**a suit**	ö ssuht
Badeanzug	**a swimsuit**	ö **ss^{u}imm**ssuht
Badehose	**some swimming trunks**	ssamm **ss^{u}**imming trankss
Badekappe/-mütze	**a bathing cap**	ö **ba**θing kæp
Bademantel	**a dressing gown**	ö **drä**ssing gaun
Bikini	**a bikini**	ö bi**ki**ni
Bluse	**a blouse**	ö blaus
Büstenhalter	**a bra**	ö brah
Fliege	**a bow tie**	ö boo^{u} tei
Gürtel	**a belt**	ö bält
Halstuch	**a scarf**	ö sskahf
Handschuhe	**a pair of gloves**	ö **pä**ö ow glaws
Handtasche	**a handbag**	ö **hænd**bæg
Hemd	**a shirt**	ö schöht
Hose	**some trousers**	ssamm **trau**sös
Hosenträger	**some braces**	ssamm **brä^{i}**ssis
Hüfthalter	**a girdle**	ö **göh**döl
Hut	**a hat**	ö hæt
Jacke	**a jacket**	ö **dʒæ**kit
Jeans	**some jeans**	ssamm dʒiens
Kinderkleider	**some children's clothes**	ssamm **tschil**dröns kloo^{u}ðs
Kleid	**a dress**	ö dräss
Kniestrümpfe	**some (knee)socks**	ssamm (**nie**)ssokss
Kostüm	**a suit**	ö ssuht
Krawatte	**a tie**	ö tei
Mantel	**a coat**	ö koo^{u}t
Morgenrock	**a dressing gown**	ö **drä**ssing gaun
Mütze	**a cap**	ö kæp
Nachthemd	**a nightgown**	ö **neit**gaun

Overall	**some overalls**	ssamm **oo^u**wörohls
Paar ...	**a pair of ...**	ö **päö** ow
Pelzmantel	**a fur coat**	ö **föh** koo^{u}t
Pullover	**a pullover/**	ö **pulloo**^{u}wö/
	a jumper	ö **dʒam**pö
ärmellos	**sleeveless**	**ssliew**löss
mit langen/kurzen	**with long/short**	^{u}ið long/schoht
Ärmeln	**sleeves**	ssliews
mit Rollkragen	**polo neck**	**poo^u**loo^u näk
mit rundem	**round-neck**	**raund**näk
Ausschnitt		
mit V-Ausschnitt	**V-neck**	**wie**näk
Regenmantel	**a raincoat**	ö **rä^{i}n**koo^{u}t
Regenschirm	**an umbrella**	ön am**bräl**lö
Rock	**a skirt**	ö ssköht
Schlafanzug	**a pair of pyjamas**	ö **päö** ow pö**dʒah**mös
Schlüpfer	**a pair of panties**	ö **päö** ow **pæn**tis
Schmuck	**some jewellery**	ssamm **dʒuh**löri
Schürze	**an apron**	ön **ä^i**prön
Shorts	**some shorts**	ssamm schohtss
Socken	**a pair of socks**	ö **päö** ow ssokss
Sportjacke	**a sports jacket**	ö sspohtss **dʒæ**kit
Strickjacke	**a cardigan**	ö **kah**digön
Strümpfe	**a pair of stockings**	ö **päö** ow **ssto**kkings
Strumpfhose	**a pair of tights**	ö **päö** ow teitss
T-shirt	**a T-shirt**	ö **tie**-schöht
Taschentuch	**a handkerchief**	ö **hæng**kötschif
Trainingsanzug	**a tracksuit**	ö **træk**ssuht
Unterhemd	**a vest**	ö wässt
Unterhose (Damen)	**a pair of panties**	ö **päö** ow **pæn**tis
Unterhose (Herren)	**a pair of underpants**	ö **päö** ow **an**döpæntss
Unterrock	**a slip**	ö sslipp
Unterwäsche	**some underwear**	ssamm **an**dö^{u}äö
Weste	**a waistcoat**	ö **^{u}ä^{i}sst**koo^{u}t

Druckknopf	**a press stud**	ö **präss** sstadd
Gummiband	**some elastic**	ssamm **i**læsstik
Knopf	**a button**	ö **bat**tön
Kragen	**a collar**	ö **kol**lö
Manschetten-	**a pair of**	ö **päö** ow
knöpfe	**cuff-links**	**kaff**linkss
Reißverschluß	**a zip**	ö sipp
Schnalle	**a buckle**	ö **bak**köl
Sicherheitsnadel	**a safety pin**	ö **ssä^i**fti pinn
Tasche	**a pocket**	ö **pok**kitt

Schuhe *Shoes*

Ich möchte ein Paar ...	**I'd like a pair of ...**	eid leik ö **pä**ö ow
Bergschuhe	**climbing boots**	**klei**ming buhtss
Hausschuhe	**slippers**	**ssli**ppös
Sandalen	**sandals**	**ssæn**döls
Schuhe	**shoes**	schuhs
flache	**flat**	flæt
mit (hohen) Absätzen	**with a (high) heel**	^{u}ið ö (hei) hiel
mit Ledersohlen	**with leather soles**	^{u}ið **lä**ðö ssoo^{u}ls
mit Gummisohlen	**with rubber soles**	^{u}ið **ra**bbö ssoo^{u}ls
Stiefel	**boots**	buhtss
Gummi-	**Wellington boots**	^{u}**ä**lingtön buhtss
Leder-	**leather boots**	**lä**ðö buhtss
Tennisschuhe	**tennis shoes**	**tä**nniss schuhs
Turnschuhe	**plimsolls**	**plim**ssolss
Wanderschuhe	**walking shoes**	^{u}**oh**king schuhs
Sie sind zu ...	**These are too ...**	ðies ah tuh
groß/klein	**large/small**	lahdʒ/ssmohl
eng/weit	**narrow/wide**	**næ**roo^{u}/^{u}eid
Haben Sie eine Nummer größer/kleiner?	**Do you have a larger/smaller size?**	duh juh hæw ö **lah**dʒö/**ssmoh**lö sseis
Haben Sie die gleichen in schwarz?	**Do you have the same in black?**	duh juh hæw ðö ssä^{i}m inn blæk
Leder/Stoff/ Wildleder	**leather/cloth/ suede**	**lä**ðö/kloθ/ ss^{u}ä^{i}d
Ist es echtes Leder?	**Is it genuine leather?**	is itt **dʒän**juin **lä**ðö
Ich brauche Schuhcreme/Schnürsenkel.	**I need some shoe polish/shoelaces.**	ei nied ssamm schuh **po**lisch/**schuh**lä^{i}ssis

Schuhreparatur *Shoe repairs*

Können Sie diese Schuhe reparieren?	**Can you repair these shoes?**	kæn juh ri**pä**ö ðies schuhs
Können Sie das nähen?	**Can you stitch this?**	kæn juh sstitsch ðiss
Ich möchte neue Sohlen und Absätze.	**I'd like them soled and heeled.**	eid leik ðämm ssoo^{u}ld ænd hield
Wann sind sie fertig?	**When will they be ready?**	^{u}änn ^{u}ill ðä^{i} bie **rä**ddi

FARBEN, Seite 109

Buchhandlung – Schreibwaren *Bookshop – Stationer's*

Wo ist der/die nächste ...?	**Where's the nearest ...?**	^{u}äös ðö **nie**örösst
Buchhandlung	**bookshop**	**bukk**schopp
Schreibwarenhandlung	**stationer's**	**sstä**^{i}schönös
Zeitungsstand	**newsstand**	**njuhs**stænd
Wo kann ich eine deutsche Zeitung kaufen?	**Where can I buy a German newspaper?**	^{u}äö kæn ei bei ö **dʒöh**mön **njuhss**pä^{i}pö
Wo stehen die Reiseführer?	**Where's the guidebook section?**	^{u}äös ðö **geid**-bukk **ssäk**schön
Haben Sie deutsche Bücher?	**Do you have any German books?**	duh juh hæw **änni** **dʒöh**mön bukkss
Haben Sie antiquarische Bücher?	**Do you have second-hand books?**	duh juh hæw **ssäkönd**-hænd bukkss
Ich möchte einen (nicht zu schwierigen) englischen Roman.	**I'd like a (not too difficult) English novel.**	eid leik ö (nott tuh **diff**ikölt) **ing**glisch **no**wöl
Haben Sie einen Katalog/ein Verzeichnis?	**Do you have a catalogue/a list?**	duh juh hæw ö **kæ**tölog/ö lisst
Ich möchte ...	**I'd like ...**	eid leik
Adreßbuch	**an address book**	ön ö**dräss** bukk
Agenda	**a diary**	ö **dei**öri
Ansichtskarten	**some postcards**	ssamm **poo**^{u}**sst**kahds
Bilderbuch	**a picture-book**	ö **pik**tschöbukk
Bindfaden	**some string**	ssamm sstring
Bleistift	**a pencil**	ö **pän**ssil
Bleistiftspitzer	**a pencil sharpener**	ö **pän**ssil **schah**pönö
Briefpapier	**some note paper**	ssamm noo^{u}t **pä**^{i}pö
Briefumschläge	**some envelopes**	ssamm **än**wöloo^{u}pss
Buch	**a book**	ö bukk
Büroklammern	**some paperclips**	ssamm **pä**^{i}pöklippss
Drehbleistift	**a propelling pencil**	ö pro**päl**ling **pän**ssil
Durchschlagpapier	**some carbon paper**	ssamm **kah**bön **pä**^{i}pö
Einwickelpapier	**wrapping paper**	**ræ**ping **pä**^{i}pö
Ersatzmine/-patrone	**a refill**	ö **rie**fill
(selbstklebende) Etikette	**some (adhesive) labels**	ssamm (öd**hie**siw) **lä**^{i}böls
Farbband	**a typewriter ribbon**	ö **teip**reitö **ribb**ön

Farbstifte	**some coloured pencils**	ssamm **kal**löd **päns**sils
Filzstift	**a felt-tip pen**	ö **fält**-tipp pän
Füllfederhalter	**a fountain pen**	ö **faun**tön pän
Geschenkpapier	**some gift wrapping paper**	ssamm gift **ræ**ping **pä**^{i}pö
Grammatik	**a grammar book**	ö **græ**mö bukk
Heftklammern	**some staples**	ssamm **sstä**^{i}pöls
Kalender	**a calendar**	ö **kæ**löndö
Kinderbuch	**a children's book**	ö **tschil**dröns bukk
Klebstoff	**some glue**	ssamm gluh
Klebestreifen	**some adhesive tape**	ssamm öd**hie**siw tä^{i}p
Kreide	**some chalk**	ssamm tschohk
Kriminalroman	**a detective story**	ö di**täk**tiw **ssto**ri
Kugelschreiber	**a ballpoint pen**	ö **bohl**peunt pän
Landkarte	**a map**	ö mæp
Leim	**some glue**	ssamm gluh
Lineal	**a ruler**	ö **ruh**lö
Löschpapier	**some blotting paper**	ssamm **blo**tting **pä**^{i}pö
Malkasten	**a paintbox**	ö **pä**^{i}**nt**bokss
Notizblock	**a note pad**	ö noo^{u}t pæd
Notizbuch	**a noteblock**	ö **noo**^{u}**t**bukk
Papier	**some paper**	ssamm **pä**^{i}pö
Papierservietten	**some paper napkins**	ssamm **pä**^{i}pö **næp**kins
Postkarten	**some postcards**	ssamm **poo**^{u}**sst**kahds
Radiergummi	**a rubber**	ö **ra**bbö
Reiseführer	**a guidebook**	ö **geid**bukk
Reißnägel/-zwecken	**some drawing pins**	ssamm **droh**ing pinns
Schnur	**some string**	ssamm sstring
Schreibblock	**a writing pad**	ö **rei**ting pæd
Schreibheft	**an exercise book**	ön **äk**ssösseis bukk
Schreibmaschinenpapier	**some typing paper**	ssamm **tei**ping **pä**^{i}pö
Spielkarten	**some playing cards**	ssamm **plä**^{i}ing kahds
Stadtplan	**a street map**	ö sstriet mæp
Straßenkarte	**a road map**	ö roo^{u}d mæp
Taschenbuch	**a paperback**	ö **pä**^{i}pöbæk
Taschenrechner	**a pocket calculator**	ö **po**kkit **kæl**kjuhlä^{i}tö
Terminkalender	**a diary**	ö **dei**öri
Tinte	**some ink**	ssamm ink
Wörterbuch	**a dictionary**	ö **dik**schönäri
Englisch-Deutsch	**English-German**	**ing**glisch-**dʒöh**mön
Taschen-	**pocket**	**po**kkit
Zeichenblock	**a sketch pad**	ö sskätsch pæd
Zeichenpapier	**some drawing paper**	ssamm **droh**ing **pä**^{i}pö
Zeitschrift	**a magazine**	ö mægö**sien**
Zeitung	**a newspaper**	ö **njuhss**pä^{i}pö

Campingausrüstung *Camping equipment*

Ich möchte ...	**I'd like ...**	eid leik
Aluminiumfolie	**some tinfoil**	ssamm **tinn**feul
Angelzeug	**some fishing tackle**	ssamm **fi**sching **tæ**köl
Bindfaden	**some string**	ssamm sstring
Bratpfanne	**a frying pan**	ö **frei**ing pæn
Bratspieß	**a spit**	ö sspitt
Brennspiritus	**some methylated spirits**	ssamm **mä**θilä^{i}tid **sspi**rritss
Büchsenöffner	**a tin opener**	ö tin **oo^{u}**pönö
Butangas	**some butane gas**	ssamm **bjuh**tä^{i}n gæss
Campingbett	**a campbed**	ö **kæmp**bädd
Dosenöffner	**a tin opener**	ö tin **oo^{u}**pönö
Eimer	**a bucket**	ö **bak**kit
Eßbesteck	**some cutlery**	ssamm **kat**löri
Feldflasche	**a water flask**	ö **^{u}oh**tö flahssk
Flaschenöffner	**a bottle opener**	ö **bot**töl **oo^{u}**pönö
Gaskocher	**a gas cooker**	ö **gæss** **kuk**kö
Geschirr	**some crockery**	ssamm **krok**köri
Grill	**a grill**	ö grill
Hammer	**a hammer**	ö **hæ**mö
Hängematte	**a hammock**	ö **hæ**mök
Heringe	**some tent pegs**	ssamm **tänt** pägs
Holzkohle	**some charcoal**	ssamm **tschah**koo^{u}l
Insektizid	**an insect spray**	ön **in**ssäkt ssprä^{i}
Kerzen	**some candles**	ssamm **kæn**döls
Klappstuhl	**a folding chair**	ö **foo^{u}**lding **tschäö**
Klapptisch	**a folding table**	ö **foo^{u}**lding **tä^{i}**böl
Kochtopf	**a saucepan**	ö **ssohss**pön
Kompaß	**a compass**	ö **kam**pöss
Korkenzieher	**a corkscrew**	ö **kohk**sskruh
Kühlbeutel	**an ice pack**	ön eiss pæk
Kühltasche	**a cool box**	ö kuhl bokss
Lampe	**a lamp**	ö læmp
Laterne	**a lantern**	ö **læn**törn
Liegestuhl	**a deck chair**	ö däk **tschäö**
Luftmatratze	**an air mattress**	ön äö **mæ**tröss
Luftpumpe	**an air pump**	ön **äö** pamp
Moskitonetz	**a mosquito net**	ö moss**ki**too^{u} nätt
Nägel	**some nails**	ssamm nä^{i}ls
Papierservietten	**some paper napkins**	ssamm **pä^{i}**pö **næp**kins
Petroleum	**some paraffin**	ssamm **pæ**röfin
Picknickkorb	**a picnic basket**	ö **pik**nik **bahss**kit
Plastikbeutel	**a plastic bag**	ö **plæss**tik bæg
Proviantbehälter	**a food box**	ö fuhd bokss
Rucksack	**a rucksack**	ö **rak**ssæk

CAMPING, Seite 32

Schere	**some scissors**	ssamm **ssi**sös
Schlafsack	**a sleeping bag**	ö **sslie**ping bæg
Schnur	**some string**	ssamm sstring
Schraubenzieher	**a screwdriver**	ö **sskruh**dreiwö
Seil	**a rope**	ö roo^{u}p
Spülmittel	**some washing-up liquid**	ssamm ^{u}osching-**app lik**^{u}id
Streichhölzer	**some matches**	ssamm **mæ**tschis
Stuhl	**a chair**	ö **tschäö**
Taschenlampe	**a torch**	ö tohtsch
Taschenmesser	**a penknife**	ö **pän**-neif
Thermosflasche	**a thermos flask**	ö **θöh**moss flahssk
Tisch	**a table**	ö **tä**^{i}böl
Verbandkasten	**a first-aid kit**	ö föhsst ä^{i}d kitt
Vorhängeschloß	**a padlock**	ö **pæd**lokk
Wäscheklammern	**some clothes pegs**	ssamm kloo^{u}ðs pägs
Waschpulver	**some washing powder**	ssamm ^{u}**o**sching **pau**dö
Wasserkanister	**a water carrier**	ö ^{u}**oh**tö **kæ**riö
Werkzeugkasten	**a tool kit**	ö tuhl kitt
Zange	**a pair of pliers**	ö **päö** ow **plei**ös
Zelt	**a tent**	ö tänt
Zeltboden	**a groundsheet**	ö **graund**schiet
Zeltpflöcke	**some tent pegs**	ssamm tänt pägs
Zeltstange	**a tent pole**	ö tänt poo^{u}l

Geschirr *Crockery*

Becher	**mugs**	mags
Tassen	**cups**	kapss
Teller	**plates**	plä^{i}tss
Untertassen	**saucers**	**ssoh**ssös

Besteck *Cutlery*

Gabeln	**forks**	fohkss
Löffel	**spoons**	sspuhns
Messer	**knives**	neiws
Teelöffel	**teaspoons**	**ties**spuhns
Plastik-	**plastic**	**plæs**stik
aus rostfreiem Stahl	**stainless steel**	**sstä**^{i}**n**läss sstiel

Elektrogeschäft *Electric shop*

Die Wechselstromspannung beträgt normalerweise 240 Volt. Für manche Geräte benötigt man einen Zwischenstecker.

Haben Sie eine Batterie hierfür?	**Do you have a battery for this?**	duh juh hæw ö **bæ**töri foh ðiss
Das ist kaputt. Können Sie es reparieren?	**This is broken. Can you repair it?**	ðiss is **broo**^{u}kön. kæn juh ri**päö** itt
Können Sie mir zeigen, wie es funktioniert?	**Can you show me how it works?**	kæn juh schoo^{u} mie hau itt ^{u}öhkss
Ich möchte eine Videokassette (mieten).	**I'd like (to hire) a video cassette.**	eid leik (tuh **hei**ö) ö **wi**dijoo^{u} kö**ssätt**
Ich möchte ...	**I'd like ...**	eid leik
Batterie	**a battery**	ö **bæ**töri
(Reise-)Bügeleisen	**a (travelling) iron**	ö (**træ**wölling) **ei**ön
elektrische Zahnbürste	**an electric toothbrush**	ön ä**läk**trik **tu**θbrasch
(Farb-)Fernseher	**a (colour) television**	ö (**kal**lö) **täl**liwiʒön
Glühbirne	**a bulb**	ö balb
Haartrockner	**a hair dryer**	ö **häö dreiö**
Kassettengerät	**a cassette recorder**	ö kö**ssätt** ri**koh**dö
Kopfhörer	**some headphones**	ssamm **hädd**foo^{u}ns
Lampe	**a lamp**	ö læmp
Lautsprecher	**some speakers**	ssamm **sspie**kös
Plattenspieler	**a record player**	ö **räk**kohd **plä**^{i}ö
Radio	**a radio**	ö **rä**^{i}dijoo^{u}
Autoradio	**a car radio**	ö kah **rä**^{i}dijoo^{u}
Kofferradio	**a portable radio**	ö **poh**töböl **rä**^{i}dijoo^{u}
Radiowecker	**a clock-radio**	ö **klokk**-rä^{i}dijoo^{u}
Rasierapparat	**a shaver**	ö **schä**^{i}wö
Sicherung	**a fuse**	ö fjuhs
Stecker	**a plug**	ö plag
Taschenlampe	**a torch**	ö tohtsch
Taschenrechner	**a pocket calculator**	ö **pok**kit **kæl**kjulä^{i}tö
Tauchsieder	**an immersion-heater**	ön i**mö**schön-**hie**tö
Tonbandgerät	**a tape recorder**	ö **tä**^{i}**p**-rikohdö
Verlängerungsschnur	**an extension cord**	ön äks**stän**schön kohd
Verstärker	**an amplifier**	ön **æm**plifeiö
Videokassette	**a video cassette**	ö **wi**dijoo^{u} kö**ssätt**
Videorecorder	**a video recorder**	ö **wi**dijoo^{u} ri**koh**dö
Wecker	**an alarm clock**	ön ö**lahm** klokk
Zwischenstecker	**an adapter**	ön ö**dæp**tö

SCHALLPLATTEN – KASSETTEN, Seite 127

Fotogeschäft *Camera shop*

Ich möchte einen ... Fotoapparat.	**I'd like ... camera.**	eid leik ... **kæ**mörö
automatischen einfachen preiswerten	**an automatic** **a simple** **an inexpensive**	ön ohto**mæ**tik ö **ssim**pöl ön inöks**spän**ssiw
Zeigen Sie mir bitte Film-/Videokameras.	**Show me some cine/ video cameras, please.**	schoo^{u} mie ssamm **ssi**nni/ **wi**dijoo^{u} **kæ**mörös plies
Haben Sie einen Prospekt?	**Do you have a brochure?**	duh juh hæw ö **broo^{u}**schö
Ich möchte Paßbilder machen lassen.	**I'd like to have some passport photos taken.**	eid leik tu hæw ssamm **pahss**poht **foo^{u}**too^{u}s **tä^{i}**kön

Filme *Films*

Ich möchte einen Film für diese Kamera.	**I'd like a film for this camera.**	eid leik ö film foh ðiss **kæ**mörö
Farbfilm Farbdiafilm Farbnegativfilm Schwarzweißfilm	**colour film** **colour slide film** **colour negative film** **black and white film**	**ka**llö film **ka**llö ssleid film **ka**llö **nä**götiew film blæk ænd ^{u}eit film
Kassette Disc Film Rollfilm	**a cartridge** **a disc film** **a roll film**	ö **kah**tridʒ ö dissk film ö roo^{u}l film
24/36 Aufnahmen	**24/36 exposures**	t^{u}änti**foh**/θöhti**ssikss** iks**spoo^{u}**ʒös
dieses Format diese ASA/DIN-Zahl	**this size** **this ASA/DIN number**	ðiss sseis ðiss ä^{i} äss ä^{i}/dinn **nam**bö
hochempfindlich Feinkorn Kunstlichtfilm Tageslichtfilm	**fast** **fine grain** **artificial light type** **daylight type**	fahsst fein grä^{i}n ahti**fi**schöl leit teip **dä^{i}**leit teip

Entwickeln *Processing*

Was kostet das Entwickeln?	**How much do you charge for processing?**	hau matsch duh juh tschahdʒ foh proo^{u}**ssä**ssing

Ich möchte ... Abzüge von jedem Negativ.	**I'd like ... prints of each negative.**	eid leik ... printss ow ietsch näggötiew
Hochglanz	**with a glossy finish**	^{u}ið ö glossi finisch
matt	**with a mat finish**	^{u}ið ö mæt finisch
Können Sie das bitte vergrößern?	**Will you enlarge this, please?**	^{u}ill juh inlahdʒ ðiss plies
Wann sind die Fotos fertig?	**When will the photos be ready?**	^{u}änn ^{u}ill ðö foo^{u}too^{u}s bie räddi

Zubehör *Accessories*

Ich möchte ...	**I'd like ...**	eid leik
Batterie	**a battery**	ö bætöri
Blitz	**a flash**	ö flæsch
Elektronenblitz	**an electronic flash**	ön äläktronnik flæsch
Drahtauslöser	**a cable release**	ö kä^{i}böl riliess
Filter	**a filter**	ö filtö
für Farbe	**for colour**	foh kallö
für Schwarzweiß	**for black and white**	foh blæk ænd ^{u}eit
UV-Filter	**UV filter**	juh wie filtö
Fototasche	**a camera case**	ö kæmörö kä^{i}ss
Objektiv	**a lens**	ö länss
Teleobjektiv	**a telephoto lens**	ö tällifoo^{u}too^{u} länss
Weitwinkelobjektiv	**a wide-angle lens**	ö ^{u}eid-ængöl länss
Objektivkappe	**a lens cap**	ö länss kæp
Sonnenblende	**a lens shade**	ö länss schä^{i}d
Stativ	**a tripod**	ö treipöd

Reparatur *Repairs*

Können Sie diese Kamera reparieren?	**Can you repair this camera?**	kæn juh ripäö ðiss kæmörö
Der Film klemmt.	**The film is jammed.**	ðö film is dʒæmd
Mit dem ... stimmt etwas nicht.	**There's something wrong with the ...**	ðäös ssammθing rong ^{u}ið ðö
Belichtungsmesser	**light meter**	leit mietö
Bildzählwerk	**exposure counter**	iksspoo^{u}ʒö kauntö
Blitzgerät	**flash attachment**	flæsch ötætschmönt
Entfernungsmesser	**rangefinder**	rä^{i}ndʒfeindö
Filmtransport	**film winder**	film ^{u}eindö
Verschluß	**shutter**	schattö

ZAHLEN, Seite 147

Juwelier – Uhrmacher *Jeweller's – Watchmaker's*

Könnte ich das bitte sehen?	**Could I see that, please?**	kudd ei ssie ðæt plies
Ich möchte etwas aus Silber/aus Gold.	**I'd like something in silver/in gold.**	eid leik **ssamm**θing in **ssil**wö/in goo^{u}ld
Ich möchte ein kleines Geschenk für ...	**I'd like a small present for ...**	eid leik ö ssmohl **prä**sönt foh
Ich möchte nichts zu Teures.	**I don't want anything too expensive.**	ei doo^{u}nt ^{u}ant **änni**θing tuh äks**spänss**iw
Ist das ...?	**Is this ...?**	is ðiss
Echtsilber	**real silver**	**ri**öl **ssil**wö
Gold	**gold**	goo^{u}ld
Neusilber	**German silver**	**dʒöh**mön **ssil**wö
Wieviel Karat hat es?	**How many carats is this?**	hau **männi kæ**rötss is ðiss
Können Sie diese Uhr reparieren?	**Can you repair this watch?**	kæn juh ri**päö** ðiss ^{u}otsch
Sie geht vor/nach.	**It is fast/slow.**	itt is fahsst/ssloo^{u}
Ich möchte ...	**I'd like ...**	eid leik
Amulett	**a charm**	ö tschahm
Anhänger	**a pendant**	ö **pän**dönt
Anstecknadel	**a pin**	ö pin
Armband	**a bracelet**	ö **brä^{i}ss**lött
Armbanduhr	**a wristwatch**	ö **risst^{u}**otsch
automatische	**automatic**	ohto**mæ**tik
Digital-	**digital**	**did**ʒitöl
Quarz-	**quartz**	k^{u}ohtss
mit Sekundenzeiger	**with a second hand**	^{u}ið ö **ssä**könd hænd
wasserdichte	**waterproof**	**^{u}oh**töpruhf
Armreif	**a bangle**	ö **bæn**göl
Besteck	**some cutlery**	ssamm **katt**löri
Brosche	**a brooch**	ö broo^{u}tsch
Edelstein	**a gem**	ö dʒäm
Feuerzeug	**a cigarette lighter**	ö ssigö**rätt leit**ö
Halskette	**a necklace**	ö **näk**liss
Kette/Kettchen	**a chain**	ö tschä^{i}n
Krawattenklipp	**a tie clip**	ö tei klip
Krawattennadel	**a tie pin**	ö tei pin
Kreuz	**a cross**	ö kross
Manschettenknöpfe	**some cuff links**	ssamm kaff linkss

Ohrklipps	**some ear clips**	ssamm **ieö** klipss
Ohrringe	**some earrings**	ssamm **ieö**rings
Ring	**a ring**	ö ring
Ehering	**a wedding ring**	ö ^{u}**ä**dding ring
Siegelring	**a signet ring**	ö **ssig**nit ring
Verlobungsring	**an engagement ring**	ön **ingä^{i}d**ʒmönt ring
Rosenkranz	**a rosary**	ö **roo^{u}**söri
Tafelsilber	**some silverware**	ssamm **ssil**wö^{u}äö
Uhr	**a watch**	ö ^{u}otsch
Taschenuhr	**a pocket watch**	ö **po**kkit ^{u}otsch
Stoppuhr	**a stop-watch**	ö **sstopp**-^{u}otsch
Wanduhr	**a clock**	ö klokk
Uhrarmband	**a watchstrap**	ö ^{u}**otsch**sstræp
Wecker	**an alarm clock**	ön ö**lahm** klokk
Zigarettenetui	**a cigarette case**	ö ssigö**rätt** kä^{i}ss
Wie heißt dieser Stein?	**What kind of stone is it?**	^{u}ott keind ow sstoo^{u}n is itt

Amethyst	**amethyst**	**æ**möθisst
Bernstein	**amber**	**æ**mbö
Chrom	**chromium**	**kroo^{u}**miöm
Diamant	**diamond**	**dei**mönd
Elfenbein	**ivory**	**ei**wöri
Email	**enamel**	i**næ**möl
geschliffenes Glas	**cut glass**	katt glahss
Gold	**gold**	goo^{u}ld
vergoldet	**gold plated**	goo^{u}ld **plä^{i}**töd
Jade	**jade**	dʒä^{i}d
Koralle	**coral**	**ko**rröl
Kristall	**crystal**	**kriss**töl
Kupfer	**copper**	**ko**ppö
Onyx	**onyx**	**o**nikss
Perle	**pearl**	pöhl
Perlmutter	**mother-of-pearl**	**ma**ðör ow pöhl
Platin	**platinum**	**plæ**tinöm
rostfreier Stahl	**stainless steel**	**sstä^{i}n**liss sstiel
Rubin	**ruby**	**ruh**bi
Saphir	**sapphire**	**ssæ**feiö
Smaragd	**emerald**	**ä**mmöröld
Silber	**silver**	**ssil**wö
versilbert	**silver plated**	**ssil**wö **plä^{i}**töd
Topas	**topaz**	**too^{u}**pæs
Türkis	**turquoise**	**töh**k^{u}eus
Zinn	**pewter**	**pjuh**tö

Lebensmittelgeschäft *Grocer's*

Ich möchte ein Brot, bitte.	**I'd like some bread, please.**	eid leik ssamm brädd plies
Welche Käsesorten haben Sie?	**What sort of cheese do you have?**	^{u}ott ssoht ow tschies duh juh hæw
Ein Stück von ...	**A piece of ...**	ö piess ow
dem dort	**that one**	ðæt ^{u}ann
dem auf dem Regal	**the one on the shelf**	ðö ^{u}ann on ðö schälf
Ich möchte eins davon, bitte.	**I'll have one of those, please.**	eill hæw ^{u}ann ow ðoo^{u}s plies
Kann ich mich selbst bedienen?	**May I help myself?**	mä^{i} ei hälp mei**ssälf**
Ich möchte ...	**I'd like ...**	eid leik
ein Kilo Äpfel	**a kilo of apples**	ö **ki**loo^{u} ow **æ**ppöls
ein halbes Kilo Tomaten	**half a kilo of tomatoes**	hahf ö **ki**loo^{u} ow to**mah**too^{u}s
100 Gramm Butter	**100 grams of butter**	100 græms ow **bat**tö
einen Liter Milch	**a liter of milk**	ö **lie**tö ow milk
ein halbes Dutzend Eier	**half a dozen eggs**	hahf ö **da**sön äggs
4 Scheiben Schinken	**4 slices of ham**	4 **sslei**ssis ow hæm
eine Packung Tee	**a packet of tea**	ö **pæ**kkit ow tie
ein Glas Marmelade	**a jar of jam**	ö dʒah ow dʒæm
eine Dose Pfirsiche	**a tin of peaches**	ö tin ow **pie**tschös
eine Tube Senf	**a tube of mustard**	ö tjuhb ow **mass**töd
eine Schachtel Schokolade	**a box of chocolates**	ö bokss ow **tschok**litss

Maße und Gewichte*

1 oz = an ounce (ön aunss – eine Unze)	= etwa 28,35 g
1 lb = a pound (ö paund – ein Pfund)	= etwa 454 g
1 kg (a kilo – ö **ki**loo^{u})	= 2,2 lb
100 g (grams – græms)	= 3,5 oz
1 pint (peint) = 0,57 l	1 liter (**lie**tö) = 1,76 pints
1 gallon (gællön) = 4,5 l	

* Großbritannien hat zwar auf das Dezimalsystem umgestellt, doch im täglichen Gebrauch gelten oft noch die alten Maße und Gewichte.

LEBENSMITTEL, Seite 64

Optiker *Optician*

Ich möchte ...	**I'd like ...**	eid leik
Brille	**some glasses**	ssamm **glah**ssis
Brillenetui	**a spectacle case**	ö **sspäk**tököl kä^{i}ss
Fernglas	**a pair of binoculars**	ö **pä**ö ow bi**nok**julös
Kontaktlinsen	**some contact lenses**	ssamm **kon**tækt **län**sis
Lupe	**a magnifying glass**	ö **mæg**nifeiing glahss
Sonnenbrille	**a pair of sunglasses**	ö **pä**ö ow **ssan**glahssis
Meine Brille ist zerbrochen.	**I've broken my glasses.**	eiw **broo^{u}**kön mei **glah**ssis
Können Sie sie reparieren?	**Can you repair them for me?**	kæn juh ri**pä**ö ðämm foh mie
Wann ist sie fertig?	**When will they be ready?**	^{u}änn ^{u}ill ðä^{i} bie **räd**di
Können Sie die Gläser auswechseln?	**Can you change the lenses?**	kæn juh tschä^{i}ndʒ ðö **län**sis
Ich möchte getönte Gläser.	**I want tinted lenses.**	ei ^{u}ant **tin**tid **län**sis
Das Gestell ist zerbrochen.	**The frame is broken.**	ðö frä^{i}m is **broo^{u}**kön
Ich möchte meine Augen kontrollieren lassen.	**I'd like to have my eyesight checked.**	eid leik tu hæw mei **ei**sseit tschäkt
Ich bin kurzsichtig/weitsichtig.	**I'm short-sighted/long-sighted.**	eim **schoht**-sseitid/**long**-sseitid
Ich habe eine Kontaktlinse verloren.	**I've lost one of my contact lenses.**	eiw losst ^{u}ann ow mei **kon**tækt **län**sis
Können Sie mir eine Ersatzlinse geben?	**Could you give me another one?**	kudd juh giew mie ö**na**ðö ^{u}ann
Ich habe harte/weiche Linsen.	**I have hard/soft lenses.**	ei hæw hahd/ssoft **län**sis
Haben Sie eine Flüssigkeit für Kontaktlinsen?	**Do you have any contact-lens fluid?**	duh juh hæw änni **kon**tækt-länss fluid
Kann ich mich im Spiegel sehen?	**May I look in a mirror?**	mä^{i} ei lukk inn ö **mir**rö

Tabakladen *Tobacconist's*

Zigaretten, Zigarren und Pfeifentabak (in allen Geschmacksrichtungen von mild bis stark) werden im Tabakwarenladen (*tobacconist's* – tö**bæ**könisststss) verkauft. Sie bekommen Tabakwaren auch am Kiosk, in Warenhäusern, Süßwarengeschäften oder aus Automaten.

Eine Schachtel Zigaretten, bitte.	**A packet of cigarettes, please.**	ö **pæ**kit ow ssigö**rättss** plies
Haben Sie deutsche Zigarettenmarken?	**Do you have any German brands?**	duh juh hæw **ä**nni **dʒöh**mön brænds
Ich möchte eine Stange.	**I'd like a carton.**	eid leik ö **kah**tön
Geben Sie mir bitte …	**Give me …, please.**	giw mie … plies
Bonbons	**some sweets**	ssamm ss^{u}ietss
Feuerzeug	**a lighter**	ö **lei**tö
-benzin	**some lighter fluid**	ssamm **lei**tö **fluh**id
-gas	**some lighter gas**	ssamm **lei**tö gæss
Kaugummi	**some chewing gum**	ssamm **tschuh**ing gam
Pfeife	**a pipe**	ö peip
Pfeifenbesteck	**a pipe tool**	ö peip tuhl
Pfeifenreiniger	**some pipe cleaners**	ssamm peip **klie**nös
Pfeifentabak	**some pipe tobacco**	ssamm peip tö**bæ**koo^{u}
Postkarten	**some postcards**	ssamm **poo^{u}sst**kahds
Schokolade	**some chocolate**	ssamm **tschok**lit
Streichhölzer	**some matches**	ssamm **mæ**tschis
Tabak	**some tobacco**	ssamm tö**bæ**koo^{u}
Zigarren	**some cigars**	ssamm ssi**gahs**
Zigaretten	**some cigarettes**	ssamm ssigö**rättss**
mit Filter	**filter-tipped**	**fil**tö-tipt
ohne Filter	**without filters**	wið**aut fil**tös
mild/stark	**mild/strong**	meild/sstrong
Menthol-	**menthol**	**män**θol
extra lang	**king-size**	**king**-sseis
Zigarettenetui	**a cigarette case**	ö ssigö**rätt** kä^{i}ss
Zigarettenspitze	**a cigarette holder**	ö ssigö**rätt hoo^{u}l**dö
Versuchen Sie eine von diesen.	**Try one of these.**	trei ^{u}ann ow ðies
Sie sind sehr mild.	**They are very mild.**	ðä^{i} ah **wä**rri meild
Sie sind ziemlich stark.	**They are quite strong.**	ðä^{i} ah k^{u}eit sstrong

Verschiedenes *Miscellaneous*

Andenken *Souvenirs*

Zu empfehlen sind vor allem Kaschmir- und Wollsachen, Stoffe, Porzellan, Glaswaren und Antiquitäten. Außerdem finden Sie ein reiches Angebot an Büchern, Schallplatten und Sportartikeln; auch Kosmetika sind lohnende Käufe. Und vergessen Sie die typisch englischen Nahrungsmittel nicht! (Die meisten Artikel unterliegen der Mehrwertsteuer [VAT], die Sie sich am Zoll zurückerstatten lassen können.)

Antiquitäten	**antiques**	æn**tiek**ss
Käse	**cheese**	tschies
Kekse	**biscuits**	**biss**kitss
Porzellan	**china**	**tschei**nö
Stoffe	**fabrics**	**fæ**brikss
Tee	**tea**	tie
Wollsachen	**knitwear**	**nit**^{u}äö

Schottland bietet folgende typische Reiseandenken:

Dudelsack	**bagpipes**	**bæg**peipss
Kilt	**kilt**	kilt
Schottenstoff	**tartan**	**tah**tön

An Spezialitäten aus Irland können Sie mitnehmen:

Emailarbeiten	**enamel**	i**næ**möl
Korbwaren	**rushwork**	**rasch**^{u}öhk
Leinen	**linen**	**lin**nön
Spitze	**lace**	lä^{i}ss

Schallplatten – Kassetten *Records – Cassettes*

Haben Sie Schallplatten von ...?	**Do you have any records by ...?**	duh juh hæw **än**ni **rä**kohds bei
Ich möchte ...	**I'd like ...**	eid leik
Compact Disc	**a compact disc**	ö **kom**pækt dissk
(unbespielte) Kassette	**a (blank) cassette**	ö (blænk) kö**ssätt**
Videokassette	**a video cassette**	ö **wi**dijoo^{u} kö**ssätt**

Langspielplatte (33 UpM)	**L.P.**	äll-pie
Maxi Single	**E.P.**	ie-pie
45 UpM	**single**	**ssing**göl

Haben Sie Lieder von ...?	**Do you have any songs by ...?**	duh juh hæw **ä**nni ssongs bei
Kann ich diese Platte hören?	**Can I listen to this record?**	kæn ei **li**ssön tu ðiss **rä**kkohd
Gesang	**vocal music**	**woo**^{u}köl **mjuh**sik
Instrumentalmusik	**instrumental music**	insstru**män**töl **mjuh**sik
Jazz	**jazz**	dʒæs
Kammermusik	**chamber music**	**tschä**^{i}**m**bö **mjuh**sik
klassische Musik	**classical music**	**klæ**ssiköl **mjuh**sik
Orchestermusik	**orchestral music**	oh**käss**tröl **mjuh**sik
Pop-Musik	**pop music**	popp **mjuh**sik
Unterhaltungsmusik	**light music**	leit **mjuh**sik
Volksmusik	**folk music**	fook **mjuh**sik

Spielwaren *Toys*

Ich möchte ein Spielzeug/Spiel ...	**I'd like a toy/ game ...**	eid leik ö teu/ gä^{i}m
für einen Jungen	**for a boy**	fohr ö beu
für ein 5jähriges Mädchen	**for a 5-year-old girl**	fohr ö 5-**jie**öroo^{u}ld göhl
Ball (für den Strand)	**a (beach) ball**	ö (bietsch) bohl
Baukasten	**some building blocks**	ssamm **bil**ding blockss
Eimer und Schaufel	**bucket and spade**	**ba**kitt ænd sspä^{i}d
elektronisches Spiel	**an electronic game**	ön älik**tro**nik gä^{i}m
Kartenspiel	**a card game**	ö kahd gä^{i}m
Malbuch	**a colouring book**	ö **ka**llöring bukk
Puppe	**a doll**	ö doll
Puppenkleider	**some doll's clothes**	ssamm dolls kloo^{u}ðs
Puzzle	**a jigsaw puzzle**	ö **dʒig**ssoh **pa**söl
Rollschuhe	**some roller skates**	ssamm **roo**^{u}lö sskä^{i}tss
Schachspiel	**a chess set**	ö tschäss ssätt
Schnorchel	**a snorkel**	ö **ssnoh**köl
Schwimmflossen	**some flippers**	ssamm **fli**ppös
Spielkarten	**a pack of cards**	ö pæk ow kahds
Spielzeugauto	**a toy car**	ö teu kah
Teddybär	**a teddy bear**	ö **tä**ddi **bä**ö

Bank und Geldangelegenheiten

Öffnungszeiten *Opening hours*

Banken sind im allgemeinen montags bis freitags von 9.30 bis 15.30 Uhr geöffnet, manche auch samstags vormittags. Wechselstuben sind länger und oft auch an Wochenenden offen.

Währung *Currency*

Die Währungseinheit Pfund Sterling (*pound* - paund, abgekürzt *£*) ist in 100 *pence* (pänss) unterteilt, abgekürzt *p* (pie) und auch oft so genannt.

Banknoten: £5, £10, £20, £50.
Münzen: 1p, 2p, 5p, 10p, 20p, 50p, £1.

Darüber hinaus gibt es noch zwei Münzen der vordezimalen Epoche, nämlich das 2-Shilling-Stück (heutiger Wert 10 p, auch gleiche Größe wie das 10-p-Stück) und das 1-Shilling-Stück (heutiger Wert 5 p, ebenfalls gleiche Größe).

Kreditkarten werden in vielen Hotels, Restaurants und Geschäften angenommen. Reiseschecks und Eurocheques dagegen können Sie nicht überall einlösen. Wechseln Sie sie in Banken, wo Sie auch den besten Kurs erhalten.

CHANGE
GELDWECHSEL

Wo ist die nächste Bank?	**Where's the nearest bank?**	^{u}äös ðö **nie**örösst bænk
Wo gibt es eine Wechselstube?	**Where's there a currency exchange office?**	^{u}äös ðäör ö karrönssi äkss**tschä**^{i}ndʒ offiss
Wann öffnet/schließt sie?	**When does it open/close?**	^{u}änn das itt **oo**^{u}pön/kloo^{u}s

In der Bank *At the bank*

Ich möchte ... wechseln.	**I'd like to change some ...**	eid leik tuh tschä^{i}ndʒ ssamm
D-Mark	**German marks**	**dʒöh**mön mahkss
Schweizer Franken	**Swiss francs**	ss^{u}iss frænkss
österreichische Schilling	**Austrian schillings**	**ohss**triön **schi**llings
Wie ist der Wechselkurs?	**What's the exchange rate?**	^{u}ottss ði äkss**tschä^{i}ndʒ** rä^{i}t
Geben Sie mir bitte ... 10-Pfund-Scheine.	**Could you give me ... 10-pound-notes, please.**	kudd juh giw mie ... 10 paund noo^{u}tss plies
Ich brauche etwas Kleingeld.	**I need some small change.**	ei nied ssamm ssmohl tschä^{i}ndʒ
Ich möchte einen Reisescheck/Eurocheque einlösen.	**I'd like to cash a traveller's cheque/ Eurocheque.**	eid leik tuh kæsch ö **træ**wölös tschäkk/ **juh**roo^{u}tschäkk
Welche Gebühr erheben Sie?	**How much commission do you charge?**	hau matsch ko**mi**schön duh juh tschahdʒ
Können Sie einen Barscheck einlösen?	**Can you cash a personal cheque?**	kæn juh kæsch ö **pöh**ssönöl tschäkk
Ich habe ...	**I have ...**	ei hæw
Empfehlungsschreiben von ...	**an introduction from ...**	ön intrö**dak**schön fromm
Kontokarte	**a bank card**	ö bænk kahd
Kreditbrief	**a letter of credit**	ö **lä**ttö ow **krä**ditt
Kreditkarte	**a credit card**	ö **krä**ditt kahd
Ich erwarte Geld aus Zürich. Ist es angekommen?	**I'm expecting some money from Zurich. Has it arrived?**	eim äkss**päk**ting ssamm **ma**nni fromm **sjuh**rik. hæs itt ö**rreiwd**

Einzahlung – Abhebung *Deposit – Withdrawal*

Ich möchte ...	**I'd like to ...**	eid leik tuh
ein Konto eröffnen	**open an account**	**oo^{u}**pön ön ö**kaunt**
... Pfund abheben	**withdraw ... pounds**	^{u}ið**droh** ... paunds
Ich möchte dies auf mein Konto einzahlen.	**I'd like to deposit this in my account.**	eid leik tuh di**po**sit ðiss inn mei ö**kaunt**

ZAHLEN, Seite 147

Geschäftsausdrücke *Business terms*

Mein Name ist ...	**My name is ...**	mei nä^{i}m is
Hier ist meine Karte.	**Here's my card.**	**hie**ös mei kahd
Ich bin mit ... verabredet.	**I have an appointment with ...**	ei hæw ön ö**peunt**mänt ^{u}ið
Können Sie mir einen Kostenvoranschlag machen?	**Can you give me an estimate of the cost?**	kæn juh giw mie ön **äss**timöt ow ðö kosst
Wie hoch ist die Inflationsrate?	**What's the rate of inflation?**	^{u}ottss ðö rä^{i}t ow in**flä^{i}**schön
Können Sie mir ... besorgen?	**Can you provide me with ...?**	kæn juh pro**weid** mie ^{u}ið
Dolmetscher(in)	**an interpreter**	ön in**töh**prötö
Sekretärin	**a secretary**	ö **ssäk**rötri
Übersetzer(in)	**a translator**	ö trænss**lä^{i}**tö
Übersetzung	**a translation**	ö trænss**lä^{i}**schön
Wo kann ich Fotokopien machen?	**Where can I make photocopies?**	^{u}**äö** kæn ei mä^{i}k foo^{u}too^{u}**koppies**

Aktie	**share**	**schäö**
Betrag	**amount**	ö**maunt**
Bilanz	**balance**	**bä**lönss
Gewinn	**profit**	**pro**fitt
Hypothek	**mortgage**	**moh**gidʒ
Kapital	**capital**	**kæ**pitöl
Kapitalanlage	**investment**	in**wässt**mönt
Kauf	**purchase**	**pöh**tschäss
Kredit	**credit**	**krä**ditt
Prozentsatz	**percentage**	pöh**ssän**tidʒ
Rabatt	**rebate**	**ri**bä^{i}t
Rechnung	**invoice**	**in**weuss
Scheck	**cheque**	tschäkk
Skonto	**discount**	**diss**kaunt
Überweisung	**transfer**	**trænss**föh
Unkosten	**expenses**	äkss**pän**ssis
Verkauf	**sale**	ssä^{i}l
Verlust	**loss**	loss
Vertrag	**contract**	**kon**trækt
Wert	**value**	**wæl**juh
Zahlung	**payment**	**pä^{i}**mönt
Zins	**interest**	**in**trässt

Post und Telefon

Im Postamt *At the post office*

Die Postämter in Großbritannien sind montags bis freitags von 9 bis 17.30 oder 18 Uhr geöffnet, manche auch samstags von 9 bis 12.30 Uhr. Briefmarken erhält man nur in Postämtern oder an Automaten. Die Briefkästen sind rot.

Sie können Ihre Post in Großbritannien *first class* (föhsst klahss – besonders schnell) oder *second class* (ssäkkönd klahss – etwas langsamer) schicken. Briefe und Postkarten werden innerhalb Europas automatisch mit Luftpost befördert.

Wo ist das Postamt?	**Where's the post office?**	uäös ðö poousst offiss
Wann öffnet/schließt es?	**What time does it open/close?**	uott teim das itt **oo**upön/kloous
An welchem Schalter gibt es Briefmarken?	**At which counter can I get stamps?**	æt uitsch **kaun**tö kæn ei gätt sstæmpss
Eine Briefmarke für diesen Brief/diese Postkarte, bitte.	**A stamp for this letter/this postcard, please.**	ö sstæmp foh ðiss **lät**tö/ðiss **poousst**kahd plies
Was kostet das Porto für einen Brief nach ...?	**What's the postage for a letter to ...?**	uottss ðö **poou**sstidʒ fohr ö **lät**tö tuh
Deutschland	**Germany**	**dʒöh**möni
Österreich	**Austria**	**oh**sstriö
Schweiz	**Switzerland**	**ssu**itssölönd
Wo ist der Briefkasten?	**Where's the letter box?**	uäös ðö **lät**tö bokss
Ich möchte dies per ... senden.	**I'd like to send this ...**	eid leik tuh ssänd ðiss
Eilboten (Expreß)	**express**	äks**präss**
Einschreiben	**by registered mail**	bei **rä**dʒisstörd mäil
Luftpost	**airmail**	**äö**mäil

Ich möchte ein Paket ins Ausland schicken.	**I'd like to send a parcel abroad.**	eid leik tuh ssänd ö **pahssöl** ö**brohd**
Muß ich eine Zollerklärung ausfüllen?	**Do I have to fill in a customs declaration form?**	duh ei hæw tuh fill inn ö **kass**töms däklö**räi**schön fohm
Wo kann ich eine internationale Postanweisung einlösen?	**Where can I cash an international money order?**	uäö kæn ei kæsch ön intönæschönöl **manni ohdö**
Wo ist der Schalter für postlagernde Sendungen?	**Where's the poste restante counter?**	uäös ðö poouss t räss**tahnt kaun**tö
Ist Post für mich da?	**Is there any post for me?**	is **ðäö än**ni poousst foh mie
Ich heiße ...	**My name is ...**	mei näim is

STAMPS	BRIEFMARKEN
PARCELS	PAKETE
MONEY ORDERS	POSTANWEISUNGEN
POSTE RESTANTE	POSTLAGERND

Telegramme – Telex *Telegrams – Telex*

Ich möchte ein Telegramm aufgeben.	**I'd like to send a telegram.**	eid leik tuh ssänd ö **tälligræm**
Kann ich bitte ein Formular haben?	**May I have a form, please?**	mäi ei hæw ö fohm plies
Wieviel kostet es pro Wort?	**How much is it per word?**	hau matsch is itt pöh uöhd
Wie lange braucht ein Telegramm nach Berlin?	**How long does a telegram to Berlin take?**	hau long das ö **tälligræm** tuh böh**lin** täik
Kann ich ein Fernschreiben/ein Telefax schicken?	**Can I send a telex/ a fax?**	kæn ei ssänd ö **täläkss**/ ö fækss

LÄNDER, Seite 146

Telefon *Telephone*

Münzfernsprecher in roten oder blauen Zellen finden Sie überall in Großbritannien. Die alten »roten« nehmen nur 10-p-Stücke an, die »blauen« auch 2-p- und 50-p-Stücke. Zwischen 18 und 8 Uhr sowie an Wochenenden sind Ferngespräche billiger.

Telefonkarten können Sie in Postämtern oder Geschäften mit dem grünen Cardphone-Zeichen kaufen.

Wo ist das Telefon?	**Where's the telephone?**	^{u}äös ðö **tä**llifoo^{u}n
Wo ist die nächste Telefonzelle?	**Where's the nearest telephone booth?**	^{u}äös ðö **nie**örösst **tä**llifoo^{u}n buθ
Darf ich Ihr Telefon benutzen?	**May I use your phone?**	mä^{i} ei juhs joh foo^{u}n
Ich möchte eine Telefonkarte.	**I'd like a telephone card.**	eid leik ö **tä**llifoo^{u}n kahd
Haben Sie ein Telefonbuch von ...?	**Do you have a telephone directory for ...?**	duh juh hæw ö **tä**llifoo^{u}n di**räk**töri foh

Auskunft – Vermittlung *Operator*

Wie ist die Nummer der (internationalen) Auskunft?	**What number is the (international) operator?**	^{u}ott **nam**bö is ðö (intö**næ**schönöl) **o**pörä^{i}tö
Ich möchte nach ... telefonieren.	**I'd like to make a phone call to ...**	eid leik tuh mä^{i}k ö foo^{u}n kohl tuh
Deutschland	**Germany**	**dʒöh**möni
Österreich	**Austria**	**ohs**striö
Schweiz	**Switzerland**	**ss^{u}i**tssölönd
Wie ist die Vorwahl?	**What's the dialling code?**	^{u}ottss ðö **dei**ling koo^{u}d
Kann ich durchwählen?	**Can I dial direct?**	kæn ei deil di**räkt**
Können Sie mir bitte diese Nummer in ... geben?	**Can you get me this number in ..., please?**	kæn juh gätt mie ðiss **nam**bö inn ... plies
Ich möchte ein R-Gespräch.	**I'd like to reverse the charges.**	eid leik tuh ri**wöhss** ðö **tschah**dʒiss

ZAHLEN, Seite 147

Ich möchte ein Gespräch mit Voranmeldung.	**I'd like to place a personal call.**	eid leik tuh plä^{i}ss ö **pöhs**sönöl kohl

Am Apparat *Speaking*

Hallo. Hier spricht ...	**Hello. This is ... speaking.**	hä**loo**^{u}. ðiss is ... **sspie**king
Ich möchte mit ... sprechen.	**I'd like to speak to ...**	eid leik tuh sspiek tuh
Ich möchte Nebenanschluß 24.	**I'd like extension 24.**	eid leik äks**stän**schön 24
Wer ist am Apparat?	**Who is speaking?**	huh is **sspie**king
Ich verstehe nicht.	**I don't understand.**	ei doo^{u}nt andö**sstænd**
Sprechen Sie bitte lauter/langsamer.	**Could you speak louder/more slowly, please?**	kudd juh sspiek **lau**dö/moh **ssloo**^{u}li plies

Pech gehabt *Bad luck*

Sie haben mich falsch verbunden.	**You gave me the wrong number.**	juh gä^{i}w mie ðö rong **nam**bö
Der Anruf ist unterbrochen worden.	**We have been cut off.**	^{u}ie hæw bien katt off
Ich kann die Nummer nicht erreichen.	**I can't get the number.**	ei kahnt gätt ðö **nam**bö

Buchstabiertabelle *Telephone alphabet*

A	**Alfred**	**æl**frid	N	**Nellie**	**näl**li
B	**Benjamin**	**bänd**ʒömin	O	**Oliver**	**ol**liwö
C	**Charlie**	**tschah**li	P	**Peter**	**pie**tö
D	**David**	**dä**^{i}wid	Q	**Queen**	k^{u}ien
E	**Edward**	**äd**^{u}öd	R	**Robert**	**rob**böt
F	**Frederick**	**frä**drik	S	**Samuel**	**ssæm**juöl
G	**George**	dʒohdʒ	T	**Tommy**	**tom**mi
H	**Harry**	**hæ**ri	U	**Uncle**	**an**köl
I	**Isaac**	**ei**sök	V	**Victor**	**wik**tö
J	**Jack**	dʒæk	W	**William**	^{u}**il**jöm
K	**King**	king	X	**X-ray**	**äks**srä^{i}
L	**London**	**lan**dön	Y	**Yellow**	**jäl**loo^{u}
M	**Mary**	**mä**öri	Z	**Zebra**	**sä**brö

Nicht da *Not there*

Wann wird er/sie zurück sein?	**When will he/she be back?**	^{u}änn ^{u}ill hie/schie bie bæk
Würden Sie ihm/ihr bitte sagen, daß ich angerufen habe?	**Will you tell him/ her I called?**	^{u}ill juh täll himm/ höh ei kohld
Mein Name ist ...	**My name is ...**	mei nä^{i}m is
Könnten Sie ihn/sie bitten, mich anzurufen?	**Would you ask him/her to call me?**	^{u}udd juh ahssk himm/höh tuh kohl mie
Würden Sie bitte eine Nachricht hinterlassen?	**Would you take a message, please?**	^{u}udd juh tä^{i}k ö mässidʒ plies
Ich rufe später wieder an.	**I'll call again later.**	eill kohl ögän lä^{i}tö

Gebühren *Charges*

Was kostet dieses Gespräch?	**What is the cost of that call?**	^{u}ott is ðö kosst ow ðæt kohl
Ich möchte das Gespräch bezahlen.	**I'd like to pay for the call.**	eid leik tuh pä^{i} foh ðö kohl

There's a call for you.	Ein Anruf für Sie.
Please hold the line.	Bitte bleiben Sie am Apparat.
What number are you calling?	Welche Nummer haben Sie verlangt?
Just a moment, please.	Einen Augenblick, bitte.
The line's engaged.	Die Linie ist besetzt.
There's no answer.	Es antwortet niemand.
He's/She's out at the moment.	Er/Sie ist im Moment nicht da.
You've got the wrong number.	Sie sind falsch verbunden.
This number is no longer valid.	Diese Nummer ist nicht mehr gültig.

Arzt

Der *National Health Service* (NHS) bietet auch Ausländern medizinische Hilfe (für Besucher aus EG-Staaten ist sie kostenlos).

Allgemeines *General*

Können Sie einen Arzt holen?	**Can you get me a doctor?**	kæn juh gätt mie ö **dok**tö
Gibt es hier einen Arzt?	**Is there a doctor here?**	is **ðäö**r ö **dok**tö **hie**ö
Ich brauche rasch einen Arzt.	**I need a doctor, quickly.**	ei nied ö **dok**tö **k^u^ikkli**
Wo finde ich einen Arzt, der Deutsch spricht?	**Where can I find a doctor who speaks German?**	^u^äö kæn ei feind ö **dok**tö huh sspiekss **dʒöh**mön
Wo ist die Arztpraxis?	**Where's the surgery?**	^u^äös ðö **ssöh**dʒöri
Wann sind die Sprechstunden?	**What are the surgery hours?**	^u^ott ah ðö **ssöh**dʒöri **au**ös
Könnte der Arzt mich hier untersuchen?	**Could the doctor come to see me here?**	kudd ðö **dok**tö kamm tuh ssie mie **hie**ö
Wann kann der Arzt kommen?	**What time can the doctor come?**	^u^ott teim kæn ðö **dok**tö kamm
Können Sie mir einen ... empfehlen?	**Can you recommend ...?**	kæn juh räkö**mänd**
praktischen Arzt	**a general practitioner**	ö **dʒä**nöröl præk**ti**schönö
Kinderarzt	**a children's doctor**	ö **tschil**dröns **dok**tö
Frauenarzt	**a gynaecologist**	ö geinä**ko**lodʒisst
Augenarzt	**an eye specialist**	ön ei **sspä**schölisst
Kann ich ... einen Termin bekommen?	**Can I have an appointment ...?**	kæn ei hæw ön ö**peunt**mänt
sofort	**immediately**	i**mie**djötli
morgen	**tomorrow**	tö**mor**roo^u^
so bald wie möglich	**as soon as possible**	æs ssuhn æs **pos**siböl

APOTHEKE, Seite 104/NOTFÄLLE, Seite 156

Körperteile *Parts of the body*

Arm	**arm**	ahm
Arterie	**artery**	**ah**töri
Auge	**eye**	ei
Bein	**leg**	lägg
Blase	**bladder**	**blæ**dö
Brust	**breast**	brässt
Brustkorb	**chest**	tschässt
Darm	**bowel**	**bau**öl
Daumen	**thumb**	θamm
Drüse	**gland**	glænd
Finger	**finger**	**fing**gö
Fuß	**foot**	futt
Gallenblase	**gall-bladder**	**gohl**blædö
Gelenk	**joint**	dʒeunt
Geschlechtsorgane	**genitals**	**dʒä**nitöls
Gesicht	**face**	fä^{i}ss
Hals (Kehle)	**throat**	θroo^{u}t
Hals (Nacken)	**neck**	näkk
Hand	**hand**	hænd
Haut	**skin**	sskinn
Herz	**heart**	haht
Kiefer	**jaw**	dʒoh
Knie	**knee**	nie
Knochen	**bone**	boo^{u}n
Kopf	**head**	hädd
Leber	**liver**	**li**wö
Lippe	**lip**	lipp
Lunge	**lung**	lang
Magen	**stomach**	**ssta**mmök
Mandeln	**tonsils**	**ton**ssils
Mund	**mouth**	mauθ
Nase	**nose**	noo^{u}s
Nerv	**nerve**	nöhw
Nervensystem	**nervous system**	**nöh**wöss **ssiss**töm
Niere	**kidney**	**kid**ni
Ohr	**ear**	**ie**ö
Rippe	**rib**	ribb
Rücken	**back**	bæk
Schenkel	**thigh**	θei
Schulter	**shoulder**	**schoo^{u}l**dö
Sehne	**tendon**	**tän**dön
Vene	**vein**	wä^{i}n
Wirbelsäule	**spine**	sspein
Zehe	**toe**	too^{u}
Zunge	**tongue**	tang

Unfall – Verletzung	*Accident – Injury*	
Es ist ein Unfall passiert.	**There's been an accident.**	**ðä**ös bien ön **æ**kssidönt
Mein Kind ist hingefallen.	**My child has had a fall.**	mei tscheild hæs hæd ö fohl
Er/Sie ist am Kopf verletzt.	**He/She has hurt his/her head.**	hie/schie hæs höht his/höh hädd
Ist es eine Gehirnerschütterung?	**Is it a concussion?**	is itt ö kon**ka**schön
Er/Sie ist bewußtlos.	**He's/She's unconscious.**	hies/schies an**kon**schös
Er/Sie blutet (stark).	**He's/She's bleeding (heavily).**	hies/schies **blie**ding (**hä**wili)
Er/Sie ist (schwer) verletzt.	**He's/She's (seriously) injured.**	hies/schies (**ssir**jössli) **in**dʒöd
Sein/Ihr Arm ist gebrochen.	**His/Her arm is broken.**	his/höhr ahm is **broo**^{u}kön
Sein/Ihr Knöchel ist geschwollen.	**His/Her ankle is swollen.**	his/höhr **æn**köl is **ss**^{u}**oo**^{u}lön
Ich habe mich geschnitten.	**I've cut myself.**	eiw katt mei**ssälf**
Ich bin gestochen worden.	**I've been stung.**	eiw bien sstang
Ich habe etwas im Auge.	**I've got something in my eye.**	eiw gott **ssamm**θing in mei ei
Ich habe ...	**I've got ...**	eiw gott
Abschürfung	**a graze**	ö grä^{i}s
Ausschlag	**a rash**	ö ræsch
Beule	**a lump**	ö lamp
Bißwunde	**a bite**	ö beit
Blase	**a blister**	ö **bliss**tö
Brandwunde	**a burn**	ö böhn
Furunkel	**a boil**	ö beul
Schnittwunde	**a cut**	ö katt
Schwellung	**a swelling**	ö **ss**^{u}**ä**lling
Stich	**a sting**	ö ssting
Wunde	**a wound**	ö ^{u}uhnd
Ich kann ... nicht bewegen.	**I can't move ...**	ei kahnt muhw
Es tut weh.	**It hurts.**	itt höhtss

Where does it hurt?	Wo haben Sie Schmerzen?
What kind of pain is it?	Was für Schmerzen haben Sie?
dull/sharp throbbing/constant	dumpfe/stechende pulsierende/anhaltende
I'd like you to have an X-ray.	Sie müssen geröntgt werden.
It's ...	Es ist ...
torn/dislocated broken/sprained	gerissen/verrenkt gebrochen/verstaucht
You've pulled/bruised a muscle.	Sie haben eine Muskelzerrung/ Quetschung.
You'll have to have a plaster.	Sie bekommen einen Gipsverband.
It's infected.	Es ist infiziert.
Have you been vaccinated against tetanus?	Sind Sie gegen Wundstarrkrampf geimpft?
I'll give you an antiseptic/ an analgesic.	Ich gebe Ihnen ein Antiseptikum/ein Schmerzmittel.

Krankheit *Illness*

Ich fühle mich nicht wohl.	**I'm not feeling well.**	eim nott **fie**ling ᵘäll
Ich bin krank.	**I'm ill.**	eim ill
Mir ist schwindlig/ übel.	**I feel dizzy/ nauseous.**	ei fiel **di**si/ **noh**siöss
Ich habe Schüttelfrost.	**I have the shivers.**	ei hæw ðö **schi**wös
Ich habe Fieber.	**I have a temperature.**	ei hæw ö **täm**pritschö
Ich habe 38° Fieber.	**My temperature is 38 degrees.**	mei **täm**pritschö is 38 dö**gries**
Ich habe mich übergeben.	**I've been vomiting.**	eiw bien **wo**mmiting
Ich habe Verstopfung.	**I'm constipated.**	eim **kons**stipäⁱtid
Ich habe Durchfall.	**I've got diarrhoea.**	eiw gott deiö**rie**ö

ZAHLEN, Seite 147

Ich habe ...	**I've got ...**	eiw gott
Asthma	**asthma**	**æss**mö
Erkältung	**a cold**	ö koo^{u}ld
Halsschmerzen	**a sore throat**	ö ssoh θroo^{u}t
Herzklopfen	**palpitations**	pælpi**tä**^{i}schöns
Husten	**a cough**	ö koff
Kopfschmerzen	**a headache**	ö **hädd**ä^{i}k
Krämpfe	**cramps**	kræmpss
Magenschmerzen	**a stomach ache**	ö **sstam**mök ä^{i}k
Magenverstimmung	**an upset stomach**	ön **app**ssät **ssta**mmök
Nasenbluten	**a nosebleed**	ö **noo**^{u}sblied
Ohrenschmerzen	**earache**	**ie**örä^{i}k
Rheumatismus	**rheumatism**	**ruh**mötisöm
Rückenschmerzen	**backache**	**bæk**ä^{i}k
Sonnenstich	**sunstroke**	**ssann**sstroo^{u}k
steifen Nacken	**a stiff neck**	ö sstiff näkk
Ich habe Atembeschwerden.	**I have difficulties breathing.**	ei hæw **diff**ikölties **brie**ðing
Ich habe Schmerzen in der Brust.	**I have a pain in my chest.**	ei hæw ö pä^{i}n inn mei tschässt
Ich hatte vor ... Jahren einen Herzanfall.	**I had a heart attack ... years ago.**	ei hæd ö haht ö**tæk** ... **jie**ös ö**goo**^{u}
Mein Blutdruck ist zu hoch/zu niedrig.	**My blood pressure is too high/too low.**	mei bladd **prä**schö is tuh hei/tuh loo^{u}
Ich bin gegen ... allergisch.	**I'm allergic to ...**	eim ä**löh**dʒik tuh
Ich bin Diabetiker.	**I'm diabetic.**	eim deiö**bä**tik

Beim Frauenarzt *At the gynaecologist's*

Ich habe Menstruationsbeschwerden.	**I have period pains.**	ei hæw **pi**öriöd pä^{i}ns
Ich habe eine Scheidenentzündung.	**I have a vaginal infection.**	ei hæw ö wö**dʒei**nöl in**fäk**schön
Ich nehme die Pille.	**I'm on the pill.**	eim on ðö pill
Ich habe seit 2 Monaten meine Periode nicht mehr gehabt.	**I haven't had my period for 2 months.**	ei **hæ**wönt hæd mei **pi**öriöd foh tuh manθss
Ich bin (im 3. Monat) schwanger.	**I'm (3 months) pregnant.**	eim (θrie manθss) **präg**nönt

How long have you been feeling like this?	Wie lange fühlen Sie sich schon so?
Is this the first time you've had this?	Haben Sie das zum ersten Mal?
I'll take your blood pressure/ your temperature.	Ich werde Ihren Blutdruck/ Ihre Temperatur messen.
Roll up your sleeve, please.	Streifen Sie bitte den Ärmel hoch.
Please undress.	Ziehen Sie sich bitte aus.
Please lie down here.	Legen Sie sich bitte hierhin.
Open your mouth.	Machen Sie den Mund auf.
Breathe deeply.	Tief atmen, bitte.
Cough, please.	Husten Sie bitte.
You've got ...	Sie haben ...
appendicitis	Blinddarmentzündung
cystitis	Blasenentzündung
flu	Grippe
food poisoning	Lebensmittelvergiftung
gastritis	Magenschleimhautentzündung
inflammation of ...	... entzündung
jaundice	Gelbsucht
measles	Masern
pneumonia	Lungenentzündung
venereal disease	Geschlechtskrankheit
It's (not) contagious.	Es ist (nicht) ansteckend.
I'll give you an injection.	Ich gebe Ihnen eine Spritze.
I want a specimen of your blood/stools/urine.	Ich brauche eine Blut-/ Stuhl-/Urinprobe.
You must stay in bed for ... days.	Sie müssen ... Tage im Bett bleiben.
I want you to see a specialist.	Sie sollten einen Spezialisten aufsuchen.
I want you to go to the hospital for a general check-up.	Sie müssen zu einer Generaluntersuchung ins Krankenhaus.
You'll have to have an operation.	Sie müssen operiert werden.

Rezept – Behandlung *Prescription – Treatment*

Gewöhnlich nehme ich dieses Medikament.	**This is my usual medicine.**	ðiss is mei **juh**ʒ^{u}öl **mäd**ssin
Können Sie mir dafür ein Rezept geben?	**Can you give me a prescription for this?**	kæn juh giw mie ö präs**skrip**schön foh ðiss
Können Sie mir ... verschreiben?	**Can you prescribe ...?**	kæn juh pris**skreib**
Schlaftabletten	**sleeping pills**	**sslie**ping pils
Mittel gegen Depressionen	**an anti-depressant**	ön **æ**nti-di**präs**sönt
Beruhigungsmittel	**a tranquillizer**	ö **træ**nk^{u}ileisö
Ich bin allergisch gegen Antibiotika/Penizillin.	**I'm allergic to antibiotics/penicillin.**	eim ä**löh**dʒik tuh ænti-beiotikss/pänni**ssi**lin
Ich möchte kein zu starkes Mittel.	**I don't want anything too strong.**	ei doo^{u}nt ^{u}ant **än**ni-θing tuh sstrong
Wie oft täglich soll ich es nehmen?	**How many times a day should I take it?**	hau **män**ni teims ö dä^{i} schudd ei tä^{i}k itt
Muß ich sie ganz schlucken?	**Must I swallow them whole?**	masst ei **ss**^{u}**a**loo^{u} ðäm hoo^{u}l

What treatment are you having?	Wie werden Sie behandelt?
What medicine are you taking?	Welches Medikament nehmen Sie?
By injection or orally?	Als Spritze oder Tabletten?
Take a teaspoon of this medicine ...	Nehmen Sie von dieser Medizin einen Teelöffel ...
Take one pill with a glass of water ...	Nehmen Sie eine Tablette mit einem Glas Wasser ...
every ... hours	alle ... Stunden
... times a day	...mal täglich
before/after each meal	vor/nach jeder Mahlzeit
in the morning/at night	morgens/abends
if there is any pain	wenn Sie Schmerzen haben
for ... days/weeks	während ... Tagen/Wochen

APOTHEKE, Seite 104

Honorar *Fee*

Wieviel bin ich Ihnen schuldig?	**How much do I owe you?**	hau matsch duh ei oo[u] juh
Kann ich eine Quittung für meine Krankenkasse haben?	**May I have a receipt for my health insurance?**	mä[i] ei hæw ö ri**ssiet** foh mei hälθ in**schuh**rönss
Können Sie mir ein ärztliches Zeugnis ausstellen?	**Can I have a medical certificate?**	kæn ei hæw ö **mä**diköl ssöh**ti**fiköt
Würden Sie bitte dieses Kranken-kassen-Formular ausfüllen?	**Would you fill in this health insurance form, please?**	[u]udd juh fill inn ðiss häl θ in**schuh**rönss fohm plies

Krankenhaus *Hospital*

Bitte benachrichtigen Sie meine Familie.	**Please notify my family.**	plies **noo[u]**tifei mei **fæ**möli
Wann ist Besuchs-zeit?	**What are the visiting hours?**	[u]ott ah ðö **wi**siting auös
Wann darf ich aufstehen?	**When can I get up?**	[u]änn kæn ei gätt app
Wann kommt der Arzt?	**When will the doctor come?**	[u]änn [u]ill ðö **dok**tö kamm
Ich habe Schmerzen.	**I'm in pain.**	eim in pä[i]n
Ich kann nicht essen/schlafen.	**I can't eat/sleep.**	ei kahnt iet/ssliep
Wo ist die Klingel?	**Where is the bell?**	[u]äö ris ðö bäll

Arzt/Chirurg	**doctor/surgeon**	**dok**tö/**ssöh**dʒön
Krankenschwester	**nurse**	nöhss
Patient/Patientin	**patient**	**pä**[i]schönt
Bluttransfusion	**blood transfusion**	bladd trænss**fjuh**ʒön
Narkose	**anaesthetic**	ænöss**θä**ttik
Operation	**operation**	opö**rä**[i]schön
Spritze	**injection**	ind**ʒäk**schön
Bett	**bed**	bädd
Bettpfanne	**bedpan**	**bädd**pæn
Thermometer	**thermometer**	θö**mo**mitö

Zahnarzt *Dentist*

Können Sie mir einen guten Zahnarzt empfehlen?	**Can you recommend a good dentist?**	kæn juh räkö**mänd** ö gudd **dän**tisst
Kann ich einen (dringenden) Termin bei Herrn/Frau Dr. ... haben?	**Can I make an (urgent) appointment to see Doctor ...?**	kæn ei mä^{i}k ön (öhdʒönt) ö**peunt**mönt tuh ssie **dok**tö
Geht es nicht eher?	**Couldn't you make it earlier?**	**ku**ddönt juh mä^{i}k itt **öh**liö
Ich habe Zahnschmerzen.	**I've got toothache.**	eiw gott **tuhθ**ä^{i}k
Ich habe eine Plombe verloren.	**I've lost a filling.**	eiw losst ö **fi**lling
Der Zahn wackelt/ist abgebrochen.	**The tooth is loose/has broken off.**	ðö tuhθ is luhss/hæs **broo^{u}**kön off
Dieser Zahn tut weh.	**This tooth hurts.**	ðiss tuhθ höhtss
oben	**at the top**	æt ðö topp
unten	**at the bottom**	æt ðö **bo**ttöm
vorne	**in the front**	inn ðö frant
hinten	**at the back**	æt ðö bæk
Ist es ein Abszeß/eine Infektion?	**Is it an abscess/an infection?**	is itt ön æb**ssäss**/ön in**fäk**schön
Können Sie ihn provisorisch behandeln?	**Can you fix it temporarily?**	kæn juh fikss itt **täm**porärili
Ich möchte ihn nicht ziehen lassen.	**I don't want it taken out.**	ei doo^{u}nt ^{u}ant itt **tä^{i}**kön aut
Können Sie mir eine Spritze geben?	**Could you give me an anaesthetic?**	kudd juh giw mie ön ænöss**θä**tik
Das Zahnfleisch ...	**The gum ...**	ðö gamm
ist wund	**is sore**	is ssoh
blutet	**is bleeding**	is **blie**ding
Mein Gebiß ist zerbrochen.	**I've broken this denture.**	eiw **broo^{u}**kön ðiss **dän**tschö
Können Sie das Gebiß reparieren?	**Can you repair this denture?**	kæn juh ri**pä**ö ðiss **dän**tschö
Wann ist es fertig?	**When will it be ready?**	^{u}änn ^{u}ill itt bie **rä**ddi

Allerlei Wissenswertes

Woher kommen Sie? *Where do you come from?*

Ich komme aus ...	**I'm from ...**	eim fromm
Ägypten	**Egypt**	**ie**dʒipt
Belgien	**Belgium**	**bäl**dʒöm
China	**China**	**tschei**nö
Dänemark	**Denmark**	**dän**mahk
Deutschland	**Germany**	**dʒöh**möni
Bundesrepublik	**West Germany**	^{u}ässt **dʒöh**möni
DDR	**East Germany**	iesst **dʒöh**möni
England	**England**	**ing**glönd
Finnland	**Finland**	**fin**lönd
Frankreich	**France**	frahnss
Griechenland	**Greece**	griess
Großbritannien	**Great Britain**	grä^{i}t **brit**tön
Indien	**India**	**in**dijö
Irland	**Ireland**	**ei**ölönd
Israel	**Israel**	**is**röäl
Italien	**Italy**	**it**töli
Japan	**Japan**	dʒö**pæn**
Kanada	**Canada**	**kæ**nödö
Luxemburg	**Luxembourg**	**la**kssömböhg
Neuseeland	**New Zealand**	njuh **sie**lænd
Niederlande	**the Netherlands**	ðö **nä**ðölönds
Norwegen	**Norway**	**noh**^{u}ä^{i}
Österreich	**Austria**	**ohss**triö
Portugal	**Portugal**	**poh**tjuhgöl
Schottland	**Scotland**	**sskott**lönd
Schweden	**Sweden**	**ss^{u}ie**dön
Schweiz	**Switzerland**	**ss^{u}it**ssölönd
Sowjetunion	**the Soviet Union**	ðö **ssoo**^{u}wjät **juh**njön
Spanien	**Spain**	sspä^{i}n
Südafrika	**South Africa**	sauθ **æ**frikö
Türkei	**Turkey**	**töh**ki
Vereinigte Staaten (USA)	**the United States (U.S.A.)**	ðö ju**nei**tid sstä^{i}tss (juh äss ä^{i})
Wales	**Wales**	^{u}ä^{i}ls
Afrika	**Africa**	**æ**frikö
Asien	**Asia**	**ä^{i}**schö
Australien	**Australia**	ohss**trä^{i}**lijö
Europa	**Europe**	**juh**röp
Nordamerika	**North America**	nohθ ö**mär**rikö
Südamerika	**South America**	ssauθ ö**mär**rikö

Zahlen *Numbers*

0	**zero/»0«**	**sie**roo^{u}/oo^{u}
1	**one**	^{u}ann
2	**two**	tuh
3	**three**	θrie
4	**four**	foh
5	**five**	feiw
6	**six**	ssikss
7	**seven**	**ssä**wwön
8	**eight**	ä^{i}t
9	**nine**	nein
10	**ten**	tänn
11	**eleven**	**ilä**wwön
12	**twelve**	t^{u}älw
13	**thirteen**	**θöh**tien
14	**fourteen**	**foh**tien
15	**fifteen**	**fif**tien
16	**sixteen**	**ssikss**tien
17	**seventeen**	**ssä**wwöntien
18	**eighteen**	**ä**^{i}tien
19	**nineteen**	**nein**tien
20	**twenty**	**t^{u}än**ti
21	**twenty-one**	t^{u}änti^{u}**ann**
22	**twenty-two**	t^{u}änti**tuh**
23	**twenty-three**	t^{u}änti**θrie**
24	**twenty-four**	t^{u}änti**foh**
25	**twenty-five**	t^{u}änti**feiw**
26	**twenty-six**	t^{u}änti**ssikss**
27	**twenty-seven**	t^{u}änti**sä**wwön
28	**twenty-eight**	t^{u}änti**ä**^{i}**t**
29	**twenty-nine**	t^{u}änti**nein**
30	**thirty**	**θöh**ti
31	**thirty-one**	θöhti^{u}**ann**
32	**thirty-two**	θöhti**tuh**
33	**thirty-three**	θöhti**θrie**
40	**forty**	**foh**ti
41	**forty-one**	fohti^{u}**ann**
42	**forty-two**	fohti**tuh**
43	**forty-three**	fohti**θrie**
50	**fifty**	**fif**ti
51	**fifty-one**	fifti^{u}**ann**
52	**fifty-two**	fifti**tuh**
53	**fifty-three**	fifti**θrie**
60	**sixty**	**ssikss**ti
61	**sixty-one**	ssikkssti^{u}**ann**
62	**sixty-two**	ssikssti**tuh**

63	**sixty-three**	ssikssti**θrie**
70	**seventy**	**ssä**wwönti
71	**seventy-one**	ssäwwönti^{u}**ann**
72	**seventy-two**	ssäwwönti**tuh**
80	**eighty**	**ä^{i}**ti
81	**eighty-one**	ä^{i}ti^{u}**ann**
82	**eighty-two**	ä^{i}ti**tuh**
90	**ninety**	**nein**ti
91	**ninety-one**	neinti^{u}**ann**
92	**ninety-two**	neinti**tuh**
100	**a hundred**	ö **hand**röd
101	**a hundred and one**	ö **hand**röd ænd ^{u}ann
102	**a hundred and two**	ö **hand**röd ænd tuh
103	**a hundred and three**	ö **hand**röd ænd θrie
110	**a hundred and ten**	ö **hand**röd ænd tänn
120	**a hundred and twenty**	ö **hand**räd ænd **t^{u}än**ti
130	**a hundred and thirty**	ö **hand**röd ænd **θöh**ti
140	**a hundred and forty**	ö **hand**röd ænd **foh**ti
150	**a hundred and fifty**	ö **hand**röd ænd **fif**ti
160	**a hundred and sixty**	ö **hand**röd ænd **ssikss**ti
170	**a hundred and seventy**	ö **hand**röd ænd **ssä**wwönti
180	**a hundred and eighty**	ö **hand**röd ænd **ä^{i}**ti
190	**a hundred and ninety**	ö **hand**röd ænd **nein**ti
200	**two hundred**	tuh **hand**röd
300	**three hundred**	θrie **hand**röd
400	**four hundred**	foh **hand**röd
500	**five hundred**	feiw **hand**röd
600	**six hundred**	ssikss **hand**röd
700	**seven hundred**	**ssä**wwön **hand**röd
800	**eight hundred**	ä^{i}t **hand**röd
900	**nine hundred**	nein **hand**röd
1000	**one thousand**	^{u}ann **θau**sönd
1100	**one thousand one hundred**	^{u}ann **θau**sönd ^{u}ann **hand**röd
1200	**one thousand two hundred**	^{u}ann **θau**sönd tuh **hand**röd
1300	**one thousand three hundred**	^{u}ann **θau**sönd θrie **hand**röd
2000	**two thousand**	tuh **θau**sönd
5000	**five thousand**	feiw **θau**sönd
10000	**ten thousand**	tänn **θau**sönd
50000	**fifty thousand**	**fif**ti **θau**sönd
100000	**one hundred thousand**	^{u}ann **hand**röd **θau**sönd
1000000	**one million**	^{u}ann **mil**jön
1000000000	**one milliard**	^{u}ann **mil**jörd

erste	**first (1st)**	föhsst
zweite	**second (2nd)**	**ssä**kkönd
dritte	**third (3rd)**	θöhd
vierte	**fourth (4th)**	fohθ
fünfte	**fifth (5th)**	fifθ
sechste	**sixth**	ssikssθ
siebte	**seventh**	**ssä**wönθ
achte	**eighth**	ä^{i}tθ
neunte	**ninth**	neinθ
zehnte	**tenth**	tänθ
einmal	**once**	^{u}anss
zweimal	**twice**	t^{u}eiss
dreimal	**three times**	θrie teims
Hälfte	**a half**	ö hahf
halb	**half**	hahf
Drittel	**one third**	^{u}ann θöhd
Viertel	**a quarter**	ö **k^{u}oh**tö
Dutzend	**a dozen**	ö **da**sön
Paar	**a pair (of)**	ö **pä**ö (ow)
Prozent	**per cent**	pöh ssänt
3,4%	**3.4 per cent**	θrie peunt foh pöh ssänt

Jahr und Alter *Year and age*

Jahr	**year**	**jie**ö
Schaltjahr	**leap year**	liep **jie**ö
Jahrzehnt	**decade**	**dä**kä^{i}d
Jahrhundert	**century**	**ssän**tschöri
dieses Jahr	**this year**	ðiss **jie**ö
letztes Jahr	**last year**	lahsst **jie**ö
nächstes Jahr	**next year**	näksst **jie**ö
jedes Jahr	**every year**	**ä**wri **jie**ö
vor 2 Jahren	**2 years ago**	2 **jie**ös ö**goo^{u}**
in einem Jahr	**in one year**	in ^{u}ann **jie**ö
in den achtziger Jahren	**in the eighties**	in ði **ä^{i}**ties
das 16. Jahrhundert	**the 16th century**	ðö **ssiks**stienθ **ssän**tschöri
im 20. Jahrhundert	**in the 20th century**	inn ðö **t^{u}än**tiöθ **ssän**tschöri
1981	**nineteen eighty-one**	**nein**tien ä^{i}ti^{u}**ann**
1992	**nineteen ninety-two**	**nein**tien neinti**tuh**
2003	**two thousand and three**	tuh **θau**sönd ænd θrie

Wie alt sind Sie?	**How old are you?**	hau oo^{u}ld ah juh
Ich bin 30 Jahre alt.	**I'm 30 years old.**	eim **θöh**ti **jie**ös oo^{u}ld
Er/Sie ist 1960 geboren.	**He/She was born in 1960.**	hie/schie ^{u}os bohn inn neintien**ssiks**sti
Kindern unter 16 Jahren ist der Zutritt verboten.	**Children under 16 are not admitted.**	**tschil**drön **an**dö 16 ah nott öd**mit**töd

Jahreszeiten *Seasons*

Frühling	**spring**	sspring
Sommer	**summer**	**ssa**mmö
Herbst	**autumn**	**oh**töm
Winter	**winter**	**^{u}in**tö
im Frühling	**in spring**	inn sspring
den ganzen Sommer lang	**all summer long**	ohl **ssa**mmö long
Hochsaison	**high season**	hei **ssie**sön
Vor-/Nachsaison	**low season**	loo^{u} **ssie**sön

Monate *Months*

Januar	**January**	**dʒæn**juöri
Februar	**February**	**fä**bruöri
März	**March**	mahtsch
April	**April**	**ä^{i}**pril
Mai	**May**	mä^{i}
Juni	**June**	dʒuhn
Juli	**July**	dʒu**lei**
August	**August**	**oh**gösst
September	**September**	ssäp**täm**bö
Oktober	**October**	ok**too^{u}**bö
November	**November**	no**wäm**bö
Dezember	**December**	di**ssäm**bö
im September	**in September**	inn ssäp**täm**bö
seit Oktober	**since October**	ssinss ok**too^{u}**bö
Anfang Januar	**the beginning of January**	ðö bä**gi**ning ow **dʒæn**juöri
Mitte Februar	**the middle of February**	ðö **mi**ddöl ow **fä**bruöri
Ende März	**the end of March**	ði änd ow mahtsch
diesen Monat	**this month**	ðiss manθ
im letzten Monat	**last month**	lahsst manθ
3 Monate lang	**three months**	θrie manθss

Tage – Datum *Days – Date*

Welchen Tag haben wir heute?	**What day is it today?**	^{u}ott dä^{i} is itt tö**dä^{i}**
Sonntag	**Sunday**	**ssan**dä^{i}
Montag	**Monday**	**man**dä^{i}
Dienstag	**Tuesday**	**tjuhs**dä^{i}
Mittwoch	**Wednesday**	**^{u}äns**dä^{i}
Donnerstag	**Thursday**	**θöhs**dä^{i}
Freitag	**Friday**	**frei**dä^{i}
Samstag	**Saturday**	**ssæ**tödä^{i}
Den wievielten haben wir heute?	**What's the date today?**	^{u}ottss ðö dä^{i}t tö**dä^{i}**
Heute ist der 1. Juli.	**It's July 1.**	itss ðö föhsst ow dʒu**lei**
Wir reisen am 5. Mai ab.	**We are leaving on May 5.**	^{u}ie ah **lie**wing on ðö fifθ ow mä^{i}
morgens/vormittags	**in the morning**	in ðö **moh**ning
mittags	**at noon**	æt nuhn
tagsüber	**during the day**	**djuh**ring ðö dä^{i}
nachmittags	**in the afternoon**	inn ði **ahf**tönuhn
abends	**in the evening**	in ði **iew**ning
nachts	**at night**	æt neit
um Mitternacht	**at midnight**	æt **mid**neit
vorgestern	**the day before yesterday**	ðö dä^{i} bi**foh jäss**tödä^{i}
gestern	**yesterday**	**jäss**tödä^{i}
heute	**today**	tö**dä^{i}**
morgen	**tomorrow**	tö**morr**oo^{u}
übermorgen	**the day after tomorrow**	ðö dä^{i} **ahf**tö tö**morr**oo^{u}
vor 2 Tagen	**two days ago**	tuh dä^{i}s ö**goo^{u}**
in 3 Tagen	**in three days' time**	in θrie dä^{i}s teim
letzte Woche	**last week**	lahsst ^{u}iek
nächste Woche	**next week**	näksst ^{u}iek
die Woche über	**during the week**	**djuh**ring ðö ^{u}iek
am Wochenende	**during the weekend**	**djuh**ring ðö **^{u}iek**änd
Feiertag	**(public) holiday**	(pablik) **hol**lidä^{i}
Ferien	**holidays**	**hol**lidä^{i}s
freier Tag	**day off**	dä^{i} off
Geburtstag	**birthday**	**böhθ**dä^{i}
Urlaub	**holidays**	**hol**lidä^{i}s
Werktag	**working day**	**^{u}öh**king dä^{i}

Grüße und Wünsche *Greetings and wishes*

Fröhliche Weihnachten!	**Merry Christmas!**	märri **kriss**möss
Glückliches Neues Jahr!	**Happy New Year!**	**hæ**ppi njuh **jie**ö
Frohe Ostern!	**Happy Easter!**	**hæ**ppi **ie**sstö
Alles Gute zum Geburtstag!	**Happy birthday!**	**hæ**ppi **böhθ**dä^{i}
Herzlichen Glückwunsch!	**Congratulations!**	kongrætjuh**lä**^{i}schöns
Viel Glück!	**Good luck!**	gudd lakk
Gute Reise!	**Have a good journey!**	hæw ö gudd **dʒöh**ni
Schöne Ferien!	**Have a good holiday!**	hæw ö gudd **ho**llidä^{i}
Ich wünsche Ihnen ...	**I wish you ...**	ei ^{u}isch juh
Herzliche Grüße von/an ...	**Best regards from/to ...**	bässt ri**gahds** fromm/tuh

Feiertage *Public holidays*

	England und Wales	**Schottland**
New Year's Day	1. Januar	1. und 2. Januar
St. David's Day	1. März (nur in Wales; nachmittags)	
May Day	erster Montag im Mai	erster Montag im Mai*
Spring Bank Holiday	letzter Montag im Mai	letzter Montag im Mai*
Summer Bank Holiday	letzter Montag im August	erster Montag im August
Christmas Day	25. Dezember	25. Dezember
Boxing Day	26. Dezember	26. Dezember
Bewegliche Feiertage:		
Karfreitag	*Good Friday*	*Good Friday*
Ostermontag	*Easter Monday*	

* nicht überall eingehaltene Feiertage

In Nordirland gelten die gleichen Feiertage wie in England. Außerdem werden am 17. März *St. Patrick's Day* und am 12. Juli *Orangeman's Day* gefeiert.

Wie spät ist es? *What time is it?*

Verzeihung, können Sie mir sagen, wie spät es ist?	**Excuse me. Could you tell me the time?**	äks**skjuhs** mie. kudd juh täll mie ðö teim
Es ist ...	**It's ...**	itss
fünf nach eins	**five past one**	feiw pahsst ^{u}ann
zehn nach zwei	**ten past two**	tänn pahsst tuh
viertel nach drei	**a quarter past three**	ö **k^{u}oh**tö pahsst θrie
zwanzig nach vier	**twenty past four**	**t^{u}än**ti pahsst foh
fünf vor halb sechs	**twenty-five past five**	t^{u}änti**feiw** pahsst feiw
halb sieben	**half past six**	hahf pahsst ssikss
fünf nach halb sieben	**twenty-five to seven**	t^{u}änti**feiw** tuh **ssä**wön
zwanzig vor acht	**twenty to eight**	**t^{u}än**ti tuh ä^{i}t
viertel vor neun	**a quarter to nine**	ö **k^{u}oh**tö tuh nein
zehn vor zehn	**ten to ten**	tänn tuh tänn
fünf vor elf	**five to eleven**	feiw tuh i**lä**wön
zwölf Uhr (Mittag/ Mitternacht)	**twelve o'clock (noon/midnight)**	t^{u}älw ö**klokk** (nuhn/**mid**neit)
Der Zug fährt um ...	**The train leaves at ...**	ðö trä^{i}n liews æt
13.04	**1.04 p.m.***	^{u}ann oo^{u} fohr pie ämm
6.40	**6.40 a.m.**	ssikss **foh**ti ä^{i} ämm
in fünf Minuten	**in five minutes**	inn feiw **min**nitss
in einer Viertelstunde	**in a quarter of an hour**	in ö **k^{u}oh**tö ow ön **auö**
vor einer halben Stunde	**half an hour ago**	hahf ön **auö** ö**goo^{u}**
etwa zwei Stunden	**about two hours**	ö**baut** tuh **auös**
über 10 Minuten	**more than 10 minutes**	moh ðæn 10 **min**nitss
weniger als 30 Sekunden	**less than 30 seconds**	läss ðæn 30 **ssä**könds
Die Uhr geht vor/ nach.	**The clock is fast/ slow.**	ðö klokk is fahsst/ ssloo^{u}
Es tut mir leid, ich habe mich verspätet.	**I'm sorry to be late.**	eim **sso**rri tuh bie lä^{i}t
früh/spät	**early/late**	**öh**li/lä^{i}t
rechtzeitig	**on time**	onn teim

* In Großbritannien wird das 12-Stunden-System verwendet. Von Mitternacht bis Mittag fügt man der Zeitangabe *a.m.* hinzu, von Mittag bis Mitternacht *p.m.*

ZAHLEN, Seite 147

Abkürzungen *Abbreviations*

AA	**Automobile Association**	Britischer Automobilklub
A.D.	**anno Domini**	nach Christus
a.m.	**ante meridiem**	vormittags
BBC	**British Broadcasting Corporation**	Britische Rundfunkgesellschaft
B.C.	**before Christ**	vor Christus
BR	**British Rail**	Britische Staatsbahnen
Brit.	**Britain; British**	Großbritannien; britisch
Bros.	**brothers**	Gebrüder
CID	**Criminal Investigation Department**	Britische Kriminalpolizei
c/o	**(in) care of**	bei, per Adresse
Co.	**company**	Handelsgesellschaft
dept.	**department**	Abteilung
EC	**European Community**	Europäische Gemeinschaft (EG)
e.g.	**for example**	zum Beispiel
excl.	**excluding; exclusive**	ausschließlich; nicht inbegriffen
F	**Fahrenheit**	Grad Fahrenheit
ft.	**foot/feet**	Fuß (30,5 cm)
HE	**His/Her Excellency; His Eminence**	Seine/Ihre Exzellenz; Seine Eminenz
hp	**horsepower**	Pferdestärke
i.e.	**that is to say**	das heißt
Ltd.	**Limited**	Aktiengesellschaft
M.D.	**Doctor of Medicine**	Arzt
MP	**Member of Parliament**	Mitglied des Parlaments
mph	**miles per hour**	Meilen pro Stunde
Mr.	**Mister**	Herr
Mrs.	**Missis**	Frau
Ms.	**Mrs./Miss**	Frau/Fräulein
p.	**page; penny/pence**	Seite; Penny
PLC	**public limited company**	Aktiengesellschaft
p.m.	**post meridiem**	nachmittags
PO (Box)	**post office (box)**	Postamt (Postfach)
P.T.O.	**please turn over**	bitte wenden
RAC	**Royal Automobile Club**	Königlicher Automobilklub
Rd.	**road**	Straße, Weg
ref.	**reference**	vergleiche, siehe
Rev.	**reverend**	Pfarrer
Soc.	**society**	Gesellschaft
St.	**saint; street**	Sankt; Straße
UK	**United Kingdom**	Vereinigtes Königreich
V.A.T.	**value added tax**	Mehrwertsteuer

Aufschriften und Hinweise	*Signs and notices*
Beware of the dog	Vorsicht bissiger Hund
Cash desk	Kasse
Caution	Vorsicht
Closed	Geschlossen
Cold	Kalt
Danger	Gefahr
Danger of death	Lebensgefahr
Do not block entrance	Eingang freihalten
Do not touch	Nicht berühren
Down	Hinunter/Unten
Emergency exit	Notausgang
Enter without knocking	Eintreten ohne zu klopfen
Entrance	Eingang
Exit	Ausgang
For hire	Zu vermieten
For sale	Zu verkaufen
... forbidden	... verboten
Free admittance	Eintritt frei
Gentlemen	Herren
Hot	Heiß
Information	Auskunft
Ladies	Damen
No admittance	Kein Zutritt
No littering	Abfälle wegwerfen verboten
No smoking	Rauchen verboten
No vacancies	Besetzt
Occupied	Besetzt
Open	Offen
Out of order	Außer Betrieb
Please ring	Bitte klingeln
Please wait	Bitte warten
Private	Privat
Private road	Privatweg
Pull	Ziehen
Push	Drücken/Stoßen
Reserved	Reserviert
Sale	Ausverkauf
Smoking allowed	Rauchen erlaubt
Sold out	Ausverkauft
To let	Zu vermieten (Zimmer)
Trespassers will be prosecuted	Betreten bei Strafe verboten
Up	Hinauf/Oben
Vacant	Frei/Leer
Wet paint	Frisch gestrichen

Notfall *Emergency*

Polizei, Feuerwehr und Ambulanz erreichen Sie von jedem Telefon aus ohne Münze unter der Nummer 999.

ACHTUNG	**LOOK OUT**	lukk aut
Beeilen Sie sich	**Hurry up**	**ha**rri app
Botschaft	**Embassy**	**äm**bössi
FEUER	**FIRE**	**feiö**
Gas	**Gas**	gæss
GEFAHR	**DANGER**	**dä^{i}n**dʒö
Gehen Sie weg	**Go away**	goo^{u} ö^{u}**ä^{i}**
Gift	**Poison**	**peu**sön
HALT	**STOP**	sstopp
Haltet den Dieb	**Stop thief**	sstopp θief
HILFE	**HELP**	hälp
Holen Sie schnell Hilfe	**Get help quickly**	gätt hälp **k^{u}ikk**li
Ich bin krank	**I'm ill**	eim ill
Ich habe mich verirrt	**I'm lost**	eim losst
Konsulat	**Consulate**	**kon**ssjulöt
Krankenwagen	**ambulance**	**æm**bjulönss
Lassen Sie mich in Ruhe	**Leave me alone**	liew mie ö**loo^{u}n**
POLIZEI	**POLICE**	pö**liess**
Rufen Sie die Polizei	**Call the police**	kohl ðö pö**liess**
Rufen Sie einen Arzt	**Call a doctor**	kohl ö **dok**tö
Schnell	**Quick**	k^{u}ikk
Vorsicht	**Careful**	**kä**öful

Fundsachen – Diebstahl *Lost property – Theft*

Wo ist das Fundbüro/ die Polizeiwache?	**Where's the lost property office/the police station?**	^{u}**ä**ös ðö losst **prop**pöti **o**ffiss/ðö pö**liess sstä^{i}**schön
Ich möchte einen Diebstahl anzeigen.	**I'd like to report a theft.**	eid leik tuh ri**poht** ö θäft
... ist mir gestohlen worden.	**... has been stolen.**	... hæs bien **sstoo^{u}**lön
Ich habe ... verloren.	**I've lost ...**	eiw losst
meine Brieftasche	**my wallet**	mei ^{u}**o**llit
mein Geld	**my money**	mei **ma**nni
meine Handtasche	**my handbag**	mei **hænd**bæg
meinen Reisepaß	**my passport**	mei **pahss**poht
meine Schlüssel	**my keys**	mei kies

AUTOUNFÄLLE, Seite 79

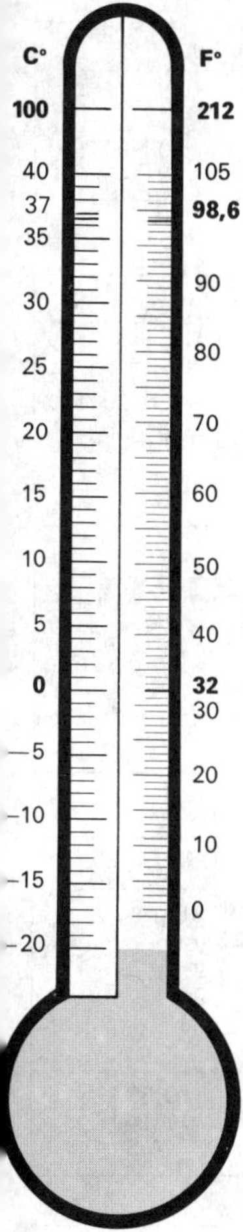

Umrechnungstabellen

Inches und Zentimeter

Umrechnung von Zentimetern in Inches: multiplizieren Sie mit 0,39.

Umrechnung von Inches in Zentimeter: multiplizieren Sie mit 2,54.

12 Inches = 1 Fuß
3 Fuß = 1 Yard

	in.	feet	yards
1 mm	0,039	0,003	0,001
1 cm	0,39	0,03	0,01
1 dm	3,94	0,32	0,10
1 m	39,40	3,28	1,09

	mm	cm	m
1 in.	25,4	2,54	0,025
1 ft.	304,8	30,48	0,304
1 yd.	914,4	91,44	0,914

(32 Meter = 35 Yard)

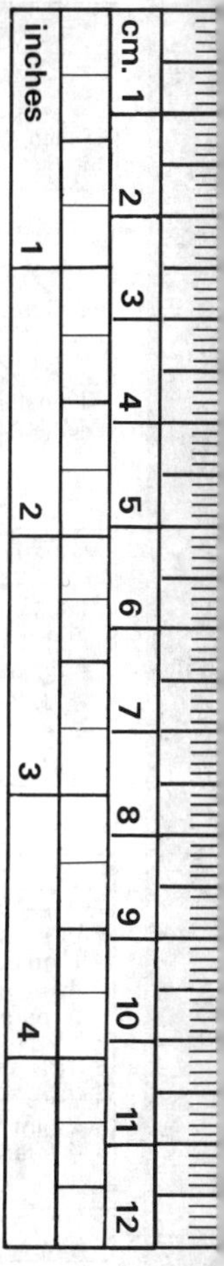

Temperatur

Um Celsius in Fahrenheit umzurechnen, multiplizieren Sie die Celsiuszahl mit 1,8 und zählen zum Ergebnis 32 hinzu.

Um Fahrenheit in Celsius umzurechnen, ziehen Sie von der Fahrenheitzahl 32 ab und dividieren die Summe durch 1,8.

Umrechnung von Meilen in Kilometer

1 Meile = 1,609 km

Meilen	10	20	30	40	50	60	70	80	90	100
Kilometer	16	32	48	64	80	97	113	129	145	161

Umrechnung von Kilometer in Meilen

1 km = 0,62 Meilen

Kilometer	10	20	30	40	50	60	70	80	90	100	110	120	130
Meilen	6	12	19	25	31	37	44	50	56	62	68	75	81

Flüssigkeitsmaße

Gallonen	Liter	Gallonen	Liter	Pints	Liter
1	4,55	6	27,30	1	0,57
2	9,10	7	31,85	4	2,28
3	13,65	8	36,40		
4	18,20	9	40,95	8 pints = 1 gallon	
5	22,75	10	45,50		

Maße und Gewichte

oz = an ounce	1 oz = etwa 28,35 g
(önn aunss – eine Unze)	¼ lb = etwa 113 g
lb = a pound	½ lb = etwa 227 g
(ö paund – ein Pfund)	1 lb = etwa 454 g
1 kg (a kilo – ö **ki**loo[u]) = 2,2 lb	
100 g (grams – græms) = 3,5 oz	

2 pints (pt) = 1 quart (qt)	1 pint (peint) = 0,57 l
4 quarts = 1 gallon (gal)	1 quart (kaht) = 1,14 l
	1 gallon (**gae**llön) = 4,5 l

1 liter (**lie**tö) = 0,88 qt

KLEIDERGRÖSSEN, Seite 108

Kurzgrammatik

Artikel

Der bestimmte Artikel (der, die, das) hat für alle drei Geschlechter, Singular und Plural, nur eine Form: *the.*

the room, the rooms	das Zimmer, die Zimmer

Der unbestimmte Artikel (ein, eine) hat zwei Formen: *a* vor Konsonanten und *an* vor Vokal oder stummem *h.*

a coat	ein Mantel
an umbrella	ein Schirm
an hour	eine Stunde

Some drückt eine unbestimmte Menge oder Anzahl aus.

I'd like some coffee, please.	Ich möchte etwas Kaffee, bitte.

Any wird in negativen Aussagen und in Fragen gebraucht.

There isn't any soap.	Es gibt keine Seife.
Do you have any stamps?	Haben Sie Briefmarken?

Substantiv

Der **Plural** der meisten Substantive wird durch Anhängen von *-(e)s* an den Singular gebildet.

cup – cups (Tasse – Tassen) **dress – dresses** (Kleid – Kleider)

N.B.: Wenn ein Substantiv mit *-y* aufhört und ein Konsonant vorangeht, so ist die Pluralendung *-ies;* wenn dem *-y* ein Vokal vorangeht, wird der Plural normal gebildet.

lady – ladies (Dame – Damen) **key – keys** (Schlüssel – Schlüssel)

Folgende Substantive bilden einen unregelmäßigen Plural:

man – men (Mann – Männer)	**woman – women** (Frau – Frauen)
child – children (Kind – Kinder)	**foot – feet** (Fuß – Füße)

Genitiv

1. Bei Personen: wenn das Substantiv nicht mit *-s* endet, wird *'s* angefügt.

the boy's room	das Zimmer des Jungen
the children's clothes	die Kleider der Kinder

Endet es mit *-s,* wird nur ein Apostroph (') angehängt.

the boys' rooms	die Zimmer der Jungen

2. Bei Gegenständen sowie für Mengen- und Maßangaben wird die Präposition *of* gebraucht.

the key of the door	der Schlüssel der Tür
a cup of tea	eine Tasse Tee

Adjektiv

Adjektive stehen normalerweise vor dem Substantiv.

a large brown suitcase	ein großer brauner Koffer

Die Steigerungsformen werden auf zwei Arten gebildet:

1. Alle einsilbigen und viele zweisilbige Adjektive erhalten *-(e)r* und *-(e)st* angefügt.

small (klein) – **smaller** – **smallest**
pretty (hübsch) – **prettier** – **prettiest***

2. Adjektive mit drei oder mehr Silben und einige zweisilbige bilden die Steigerungsformen mit *more* und *most.*

expensive (teuer) – **more expensive** – **most expensive**

Die folgenden Adjektive sind unregelmäßig:

good (gut)	**better**	**best**
bad (schlecht)	**worse**	**worst**
little (wenig)	**less**	**least**
much/many (viel)	**more**	**most**

* *y* wird zu *i,* wenn ein Konsonant vorangeht.

Pronomen

	Subjekt	Objekt (Akk./Dat.)	Possessiv 1	2
ich	I	me	my	mine
du	you	you	your	yours
er	he	him	his	his
sie	she	her	her	hers
es	it	it	its	its
wir	we	us	our	ours
ihr	you	you	your	yours
sie	they	them	their	theirs

Possessiv-Form 1 wird vor Substantiven gebraucht; Form 2 steht allein.

Where's my key? Wo ist mein Schlüssel?
That's not mine. Das ist nicht meiner.

N.B. Im Englischen wird zwischen »du« und »Sie« kein Unterschied gemacht, es gibt nur die Form *you*.

Give it to me. Geben Sie es mir.
He came with you. Er kam mit dir/Ihnen.

Hilfsverben (Präsens)

a) **to be** (sein)

	Kurzform	Negativ-Kurzformen	
I am	**I'm**	**I'm not**	
you are	**you're**	**you're not**	**you aren't**
he is	**he's**	**he's not**	**he isn't**
she is	**she's**	**she's not**	**she isn't**
it is	**it's**	**it's not**	**it isn't**
we are	**we're**	**we're not**	**we aren't**
you are	**you're**	**you're not**	**you aren't**
they are	**they're**	**they're not**	**they aren't**

Fragend: **Am I? Are you? Is he?** usw.

N.B.: In der Umgangssprache werden fast ausschließlich die Kurzformen gebraucht.

Das Englische besitzt zwei Formen für das deutsche »es gibt«: *there is (there's)* vor einem Substantiv im Singular, *there are* vor einem Substantiv im Plural.

Negativ: **There isn't – There aren't**
Fragend: **Is there? – Are there?**

b) **to have** (haben)

	Kurzform		Kurzform
I have	**I've**	**we have**	**we've**
you have	**you've**	**you have**	**you've**
he/she/it has	**he's/she's/it's**	**they have**	**they've**

Negativ: **I have not (haven't)**
Fragend: **Have you? – Has he?**

c) **to do** (tun, machen)

I do, you do, he/she/it does, we do, you do, they do

Negativ: **I do not (I don't) – He does not (he doesn't)**
Fragend: **Do you? – Does he?**

Andere Verben

Die Infinitivform wird für alle Personen außer der 3. Person Singular, die auf *-(e)s* endet, verwendet:

	to love (lieben)	**to come** (kommen)	**to go** (gehen)
I	**love**	**come**	**go**
you	**love**	**come**	**go**
he/she/it	**loves**	**comes**	**goes**
we	**love**	**come**	**go**
you	**love**	**come**	**go**
they	**love**	**come**	**go**

Die negative Form wird durch das Hilfsverb *do* (3. Pers. *does*) + *not* + Infinitiv gebildet.

We do not (don't) like this hotel. Wir mögen dieses Hotel nicht.

Fragen werden mit dem Hilfsverb *do* (3. Pers. *does*) + Subjekt + Infinitiv gebildet.

Do you drink wine?	Trinken Sie Wein?
Does he live here?	Wohnt er hier?

Präsens Verlaufsform

Diese Form gibt es im Deutschen nicht. Sie wird gebildet durch die entsprechende Form des Verbes *to be* + Partizip Präsens. Das Partizip Präsens wird durch Anhängen von *-ing* an den Infinitiv gebildet (ein *-e* am Ende des Verbs wird weggelassen). Die Verlaufsform kann nur mit bestimmten Verben verwendet werden, da sie ausdrückt, daß man gerade bei einer Beschäftigung ist oder daß ein Geschehen noch andauert, während man spricht.

What are you doing?	Was machen Sie? (jetzt, in diesem Augenblick)
I'm writing a letter.	Ich schreibe gerade einen Brief.

Imperativ

Der Imperativ (Singular und Plural) hat dieselbe Form wie der Infinitiv (ohne *to*). Der negative Imperativ wird mit *don't* gebildet.

Please bring me some water.	Bringen Sie mir bitte etwas Wasser.
Don't be late.	Kommen Sie nicht zu spät.

Adverbien

Zahlreiche Adverbien werden gebildet, indem man dem Adjektiv *-ly* anhängt.

quick – quickly	schnell
slow – slowly	langsam

Einige wichtige Ausnahmen:

good – well	gut
fast – fast	rasch

Wörterverzeichnis
und alphabetisches Register

Deutsch-Englisch

A
Aal eel 42, 44
abbiegen to turn 21, 77
Abend evening 10, 95
Abendessen dinner 34, 94; supper 34
Abendgarderobe evening dress 88
Abendkleid evening dress 112
abends in the evening 151
aber but 15
abfahren to leave 68
Abflug departure 65
Abführmittel laxative 105
abheben to withdraw 130
Abhebung withdrawal 130
abholen to pick up 80, 96; to call for 96
Abkürzung abbreviation 154
abreisen to leave 31, 151
Absatz *(Schuh)* heel 114
Abschleppseil towrope 78
Abschleppwagen breakdown van 78
Abschminkwatte make-up remover pad 106
Abschürfung graze 139
Abszeß abscess 145
Abtei abbey 81
Abteil compartment 71
Abteilung department 84
Abzug *(Foto)* print 121
acht eight 147
achte eighth 149
Achtung look out! 156
achtzehn eighteen 147
achtzig eighty 148
Adresse address 21, 102
Adreßbuch address book 115
Afrika Africa 146
Agenda diary 115
Aktie share 131
Alkohol alcohol 37
alkoholfrei nonalcoholic 58
alkoholisch alcoholic 57
allergisch allergic 141, 143
alles everything 31, 62, 102
allgemein general 26, 100, 137
Alphabet alphabet 9
als *(Vergleich)* than 14
alt old 14, 149
Alter age 149
Altstadt old town 81
Aluminiumfolie tinfoil 117
Amethyst amethyst 123
Ampel traffic lights 77
Amulett charm 122
an at, on 15
Ananas pineapple 52
Andenken souvenir 127
Andenkenladen souvenir shop 98
andere other 57
ändern *(Kleidung)* to alter 112
Anfang beginning 150
angeln to fish 90
Angelschein fishing licence 90
Angelzeug fishing tackle 117
angenehm enjoyable 31
Anhänger *(Schmuck)* pendant 122
Anis aniseed 49
ankommen to arrive 65, 68, 130; to get to 70
Ankunft arrival 16, 65
anlegen *(Schiff)* to call at 74
Anlegeplatz embarkation point 74

anmelden, sich to make an appointment 30
Anmeldeschein registration form 26
Anmeldung *(Hotel)* registration 25
annähen to sew on 29
annullieren to cancel 65
anprobieren to try on 111
Anruf call 136
anrufen to call 136
Anschluß connection 65, 68
Anschrift address 79
Ansichtskarte postcard 115
anspringen *(Auto)* to start 78
ansteckend contagious 142
Anstecknadel pin 122
Antibiotikum antibiotic 143
antiquarisch second-hand 115
Antiquitäten antiques 83, 127
Antiquitätengeschäft antique shop 98
Antiseptikum antiseptic 140
Antwort answer 136
anzeigen *(Polizei)* to report 156
Anzug suit 112
Apfel apple 52, 64, 124
Apfelkuchen apple pie 54
Apfelsaft apple juice 58
Apfelsine orange 41, 52, 64
Apotheke chemist's 98, 104
Aprikose apricot 52
April April 150
Arbeit work 79
arbeiten to work 93
Archäologie archaeology 83
Architekt architect 83
Architektur architecture 83
Arm arm 138, 139
Armband bracelet 122
Armbanduhr wristwatch 122
Ärmel sleeve 113, 142
Armreif bangle 122
Arterie artery 138
Artischocke artichoke 41, 48
Arzt/Ärztin doctor 79, 137, 144, 156
ärztlich medical 144
Arztpraxis surgery 137
Aschenbecher ashtray 27, 36
Asien Asia 146
Aspirin aspirin 105
Asthma asthma 141
atmen to breathe 141, 142
Aubergine aubergine 48
auch also 15
auf on 15
Aufenthalt stay 31
Aufführung performance 86
aufgeben *(Gepäck)* to register 71; *(Post)* to post 28; to send 133
Aufhellung bleach 30
aufmachen to open 70, 142
Aufnahme exposure 120
Aufschnitt cold cuts 41
aufschreiben to write down 12, 101
Aufschrift sign 155
aufstehen to get up 144
Auf Wiedersehen goodbye 10
Aufzug lift 27, 103
Auge eye 138, 139
Augenarzt eye specialist 137
Augenblick moment 12, 136
Augenbrauenstift eyebrow pencil 106
Augentropfen eye drops 105
August August 150
Ausdruck phrase 12; term 131
Ausfahrt exit 79; *(Ausflug)* drive 96
Ausflug excursion 80
ausfüllen to fill in 26, 133, 144
Ausgang exit 67, 103, 155
ausgeben to spend 101
ausgehen to go out 96
Auskunft information 67; *(Telefon-)* operator 134
Auskunftsbüro information bureau 67
Ausland *(im, ins)* abroad 133
ausländisch foreign 102
Auspuff exhaust pipe 78
Ausrüstung equipment 91, 117
Ausschlag rash 139
außer except 15
Aussicht view 25
Aussprache pronunciation 12
aussteigen to get off 73
Ausstellung exhibition 81
Auster oyster 42, 44
Australien Australia 146
Ausverkauf sale 99
ausverkauft sold out 88
auswechseln to change 125
ausziehen, sich to undress 142
Auto car 19, 20, 32, 75, 76, 78, 79
Autobahn motorway 76
Autofähre car ferry 74
automatisch automatic 20, 120, 122
Autoradio car radio 119
Autorennen car racing 90
Autoverleih car hire 20

B

Baby baby 24
Babysitter babysitter 27
Bach brook 85
Bäckerei baker's 98
Backpflaume prune 52
Bad bath 23, 25
Badeanzug swimsuit 112
Badehose swimming trunks 112
Badekabine bathing hut 91
Badekappe bathing cap 112
Bademantel dressing gown 112
Bademütze bathing cap 112
baden to swim 90, 91
Badesalz bath salts 106
Badetuch bath towel 27
Badezimmer bathroom 26, 27
Bahnhof (railway) station 19, 21, 67
Bahnsteig platform 67, 68, 69, 70
Bahnübergang level crossing 79
bald soon 15
Balkon balcony 23; *(Theater)* dress circle 88
Ball ball 128
Ballett ballet 87
Banane banana 52, 64
Bank bank 18, 99, 129, 130
barock baroque 83
Barsch perch 44
Barscheck personal cheque 130
Bart beard 31
Basilikum basil 49
Basketball basketball 89
Batist cambric 110
Batterie battery 75, 78, 119, 121
bauen to build 83
Bauernhof farm 85
Baukasten building blocks 128
Baum tree 85
Baumwolle cotton 110, 111
Becher mug 118
Bedarfshaltestelle request stop 73
bedeuten to mean 11, 25
bedienen to serve 36
Bedienung service 100
beeilen, sich to hurry (up) 156
beginnen to start 80, 86
Begrüßung greeting 10
behalten to keep 62
Behandlung treatment 143
behindert disabled 82
bei at 15
beige beige 109
Beilage *(Küche)* side dish 40
Bein leg 138
Bekleidung clothing 108
bekommen to get 11, 32, 104
Belgien Belgium 146
Belichtungsmesser light meter 121
benachrichtigen to notify 144
benutzen to use 134
Benzin petrol 75, 78
Benzinkanister jerrycan 78
berechnen to charge 24
Berg mountain 85
Bergschuh climbing boot 114
Bergsteigen mountaineering 90
Bernstein amber 123
Beruf occupation 25
Beruhigungsmittel tranquillizer 105, 143
berühren to touch 155
Bescheid sagen to let (someone) know 70
besetzt occupied 14, 155; *(Platz)* taken 70; *(Telefon)* engaged 136
besichtigen to visit 84
Besichtigung sightseeing 80
besorgen to get 21, 89; to provide 131
besser better 25, 101
bestätigen to confirm 65
Bestätigung confirmation 23
beste best 160
Besteck cutlery 117, 118, 122
bestellen to ask for 25; to order 36, 61, 102, 103; to book 86
Bestellung order 40
besuchen to visit 95
Besuchszeit visiting hours 144
Betrag amount 62, 131
Bett bed 23, 24, 142, 144
Bettpfanne bedpan 144
Beule lump 139
bewegen to move 139
bewußtlos unconscious 139
bezahlen to pay 31, 62, 68, 102, 136
Bibliothek library 81, 99
Bier beer 55, 64
Bikini bikini 112
Bilanz balance 131
Bild picture 83
Bilderbuch picture-book 115
Bildhauer sculptor 83
Bildhauerei sculpture 83
billig cheap 14, 24, 25, 101
Bindfaden string 115, 117

Binde bandage 105
Birne pear 51; *(Glüh-)* bulb 28, 75, 119
bis until 15
Bißwunde bite 139
bitte please 10
bitten to ask 136
bitter bitter 61
Blase *(Organ)* bladder 138; *(Haut-)* blister 139
Blasenentzündung cystitis 142
blau blue 109
Blaubeere bilberry, blueberry 52
bleiben to stay 16, 24, 26, 142
bleifrei unleaded 75
Bleistift pencil 115
Bleistiftspitzer pencil sharpener 115
Blinddarmentzündung appendicitis 142
Blitz lightning 94
Blitzgerät flash attachment 121
Blitzlicht flash 121
Blume flower 85
Blumengeschäft florist's 98
Blumenkohl cauliflower 48
Bluse blouse 112
Blut blood 141, 142
Blutdruck blood pressure 141, 142
bluten to bleed 139, 145
Bluttransfusion blood transfusion 144
Blutwurst black pudding 45
Bohne bean 48; *(grüne)* French bean 48
Bonbon sweet 64, 126
Boot boat 74
Börse stock exchange 81
Botanik botany 83
botanischer Garten botanical gardens 81
Botschaft embassy 156
Boxen boxing 89
Boxkampf boxing match 89
Brandwunde burn 139
Braten roast 45, 46
Brathähnchen roast chicken 47, 63
Bratpfanne frying pan 117
Bratspieß spit 117
brauchen to need 13, 29, 130, 137; *(Zeit)* to take 76, 112, 133
braun brown 109
Brausetablette fizzy tablet 105
brechen to break 139
breit wide 101
Bremse brake 78
Bremsflüssigkeit brake fluid 75
Bremslicht brake light 78
Brennspiritus methylated spirits 117
Brief letter 28, 132
Briefkasten letter box 132
Briefmarke stamp 28, 132, 133
Briefpapier note paper 27, 115
Brieftasche wallet 156
Briefumschlag envelope 27, 115
Brille glasses 125
Brillenetui spectacle case 125
bringen to bring 13, 38; to take to 18, 21
britisch British 93
Brombeere blackberry 52
Brosche brooch 122
Brot bread 37, 38, 59, 64, 124
Brötchen roll 38, 59, 64
Brücke bridge 85
Bruder brother 93
Brunnen fountain 81
Brushing blow-dry 30
Brust breast 138; chest 141
Brustkorb chest 138
Buch book 12, 115
buchen to book 65
Buchhandlung bookshop 98, 115
Büchse tin 124
Büchsenöffner tin opener 117
buchstabieren to spell 12
Bückling kipper 41
Bügeleisen iron 119
bügeln to iron 29
Bungalow bungalow 22
bunt colourful 110
Burg castle 81
Büro office 80
Büroklammer paperclip 115
Bürste brush 107
Bus bus 18, 19, 67, 72, 73; *(Überland-)* coach 72
Bushaltestelle bus stop 19, 72, 73
Büstenhalter bra 112
Butangas butane gas 32, 117
Butter butter 37, 38, 64, 124

C

Café coffee house 33
Camping camping 32, 117
Campingausrüstung camping equipment 117
Campingbett campbed 117

Campingplatz camp site 32
CD compact disc 127
chemische Reinigung dry cleaner's 29, 99
Chicorée chicory 48
Chiffon chiffon 110
China China 146
Chirurg surgeon 144
Chrom chromium 123
Cousin(e) cousin 93
Creme cream 106

D

Dame lady 155
Damenbinde sanitary towel 105
Damenschneiderin dressmaker 99
Dampfschiff steamboat 74
danke thank you 10
dann then 15
Darm bowel 138
das the 159
Dattel date 52
Datum date 25, 151
dauern to take 61, 72, 74, 79, 86, 102
Dauerwelle perm 30
Daumen thumb 138
Deck deck 74
Decke blanket 27
dein your 161
Delikatessengeschäft delicatessen 98
denken to think 92
Denkmal monument, memorial 81
Deodorant deodorant 106
der the 159
Desinfektionsmittel disinfectant 105
deutsch German 115, 126
Deutsch *(Sprache)* German 12, 16, 80, 82, 84, 115, 137
Deutschland Germany 132, 146; *(BRD)* West Germany 146; *(DDR)* East Germany 146
Dezember December 150
Dia slide 120
Diabetiker diabetic 37, 141
Diamant diamond 123
Diät diet 37
dick thick 110
die the 159
Dieb thief 156
Diebstahl theft 156
Dienstag Tuesday 151
Diesel diesel 75
dies this 11, 13
Digital- digital 122
Dill dill 49
direkt direct 65
Direktor manager 27
Dirigent conductor 87
Disc Film disc film 120
Diskothek discotheque 88, 96
D-Mark German mark 18, 130
Dolmetscher(in) interpreter 131
Donner thunder 94
Donnerstag Thursday 151
Doppelbett double bed 23
Doppelzimmer double room 19, 23
Dorf village 85
dort there 14
Dose tin 124
Dosenöffner tin opener 117
draußen outside 14
Drehbleistift propelling pencil 115
drei three 147
dreißig thirty 147
dreizehn thirteen 147
dringend urgent 14, 145
drinnen inside 14
Drittel third 149
dritte third 149
Drogerie chemist's 98, 104
Druck pressure 75, 141, 142
drücken to push 155
Druckknopf press stud 113
Drüse gland 138
du you 161
Dudelsack bagpipes 127
dunkel dark 25, 101, 109, 110
dünn thin 110
durch through 15
durchbrennen *(Glühbirne)* to burn through 28
Durchfall diarrhoea 140
durchgehend *(Zug)* through 69
durchreisen to pass through 16
Durchschlagpapier carbon paper 115
Durst haben to be thirsty 13, 35
durstig thirsty 35
Dusche shower 23, 32
Dutzend dozen 124, 149

E

Ebbe low tide 91
echt genuine 114
Echtsilber real silver 122
Ecke corner 21, 36, 77

Edelstein gem 122
Ehering wedding ring 123
Ei egg 38, 41, 64, 124
Eilboten *(per)* express 132
eilig haben to be in a hurry 21, 36
Eimer bucket 117, 128
ein a, an 159
Einbahnstraße one-way street 77, 79
einchecken to check in 65
eindrucksvoll impressive 84
einfach simple 120; *(Fahrt)* single 65, 69
Eingang entrance 67, 103
einige a few 14
Einkaufen shopping 97
Einkaufsmöglichkeiten shopping facilities 32
Einkaufsviertel shopping area 81, 100
Einkaufszentrum shopping centre 98
einladen to invite 94
Einladung invitation 94
einlaufen *(Kleider)* to shrink 111
einlösen *(Scheck)* to cash 130, 133
einmal once 149
einpacken to wrap up 102
eins one 147
Einschreiben registered mail 132
einstellen *(Gepäck)* to leave 71
Eintopfgericht stew 43
Eintritt admission 82, 89; *(Preis)* entrance fee 82
Einwickelpapier wrapping paper 115
einzahlen to deposit 130
Einzahlung deposit 130
Einzelkabine single cabin 74
Einzelzimmer single room 19, 23
Eis ice 94; *(Speise-)* ice-cream 54, 64
Eisbahn skating rink 91
Eisenwarenhandlung ironmonger's 98
Eistee iced tea 58
Eiswürfel ice cube 27
elastische Binde elastic bandage 105
elegant elegant 100
elektrisch electric 119; electrical 78
Elektrogeschäft electric shop 98, 119
elektronisch electronic 128
elf eleven 147
Elfenbein ivory 123
Eltern parents 93
Email enamel 123, 127
Empfangschef receptionist 27
empfehlen to recommend 35, 36, 80, 86, 87, 88, 137, 145
Empfehlungsschreiben introduction 130
Ende end 69, 150
Endivie endive 48
Endstation terminus 72
eng narrow 114; *(Kleidung)* tight 111
England England 146
englisch English 35, 95, 109
Ente duck 47
enthalten to contain 37
Entscheidung decision 25, 101
Entschuldigung! excuse me! 10
entwickeln *(Film)* to process 120
Entzündung inflammation 142
er he 161
Erbse pea 48
Erdbeere strawberry 52
Erdnuß peanut 52
erheben *(Gebühr)* to charge 130
Erkältung cold 104, 141
erklären to explain 12
Ermäßigung reduction 24, 82
eröffnen *(Konto)* to open 130
Ersatzmine/-patrone refill 115
Ersatzreifen spare tyre 75
erstaunlich amazing 84
erste first 68, 73, 77, 149
erwarten to expect 130
Eßbesteck cutlery 117
Essen food 61; meal 62
essen to eat 36, 37, 144
Essig vinegar 37
Etage floor 26
Etikett label 115
etwas something 29, 36
Eurocheque eurocheque 62, 102, 130
Europa Europe 146
evangelisch protestant 84
exotisch exotic 50
Expreß express 132
extra extra 27

F

Fabrik factory 81
Faden thread 27
Fähre ferry 74
fahren to drive 21, 76; to go 72, 73, 77

Fahrkarte ticket 69
Fahrkartenschalter ticket office 19, 67
Fahrplan timetable 68
Fahrpreis fare 21, 68
Fahrrad bicycle 74
Fahrstuhl lift 27, 103
Fahrt journey 72
Fahrzeugpapiere car registration papers 16
falsch wrong 14, 77, 135, 136
Familie family 93, 144
Farbband typewriter ribbon 115
Farbe colour 101, 109, 110, 121
farbecht colourfast 111
Färbemittel dye 107
färben to dye 30
Farbfernseher colour television 119
Farbfilm colour film 120
Farbstift coloured pencil 116
Fasan pheasant 47
Februar February 150
fehlen to be missing 18, 29, 61
Feiertag (public) holiday 151, 152
Feige fig 52
Feile file 106
Feld field 85
Feldflasche water flask 117
Fenchel fennel 48
Fenster window 28, 36, 69, 70
Fensterladen shutter 29
Ferien holiday(s) 16, 151, 152
Ferienhaus holiday cottage 22
Fernglas binoculars 125
Fernschreiben telex 133
Fernseher television 23, 28, 119
fertig ready 29, 31, 114, 121, 125, 145
Festung fortress 81
Fett fat 37
fettig *(Haar)* greasy 30, 106, 107
Feuchtigkeitscreme moisturizing cream 106
Feuer fire 156; light 95
Feuerzeug *(cigarette)* lighter 122, 126
Fieber fever 104; temperature 140
fiebersenkendes Mittel antipyretic 105
Fieberthermometer thermometer 105
Film film 86, 120, 121
Filmkamera cine camera 120
Filmtransport film winder 121
Filter filter 121, 126
Filz felt 110
Filzstift felt-tip pen 116
finden to find 11, 84, 100, 137
Finger finger 138
Fisch fish 44
Fischhandlung fishmonger's 98
flach flat 114
Flanell flannel 110
Flasche bottle 17, 56
Flaschenöffner bottle opener 117
Fleck stain 29
Fleisch meat 45, 61
Fleischerei butcher's 98
flicken to mend 29, 75
Fliege *(Krawatte)* bow tie 112
Flohmarkt flea market 81, 98
Flug flight 65
Flughafen airport 21
Flugnummer flight number 65
Flugschein flight ticket 65
Flugzeug plane 65
Fluß river 74, 85, 90
Flußfahrt river trip 74
Flüssigkeit fluid 125
Flut high tide 91
folgen to follow 77
Fönen blow-dry 30
Forelle trout 44
Form shape 101
Format size 120
Formular form 133
Foto photo 121
Fotoapparat camera 120
Fotogeschäft camera shop 98, 120
Fotograf photographer's 99
fotografieren to take pictures 82
Fotokopie photocopy 131
Fototasche camera case 121
Frage question 11
fragen to ask 36
Franken *(Währung)* frank 18, 130
Frankreich France 146
Frau woman 108; *(Ehefrau)* wife 10, 93; *(Anrede)* Mrs. 10, 154
Frauenarzt gynaecologist 137, 141
Fräulein Miss 10, 154; *(Kellnerin)* waitress 36
frei free 14, 71, 80, 82, 96
freier Tag day off 151
Freitag Friday 151
Fremdenführer (private) guide 80
Fremdenverkehrsbüro tourist office 19, 80

Freund friend 95; boyfriend 93
Freundin friend 95; girlfriend 93
freundlich kind 95
Friedhof cemetery 81
Frikadelle hamburger 63
frisch fresh 52, 61
Friseur hairdresser's 27, 30, 99
Frisur hairstyle 30
froh happy 152
fröhlich merry 152
Frost frost 94
Frottee towelling 110
Frucht fruit 52
Fruchtsaft fruit juice 37, 41, 58, 64
früh early 14, 31, 153
Frühling spring 150
Frühstück breakfast 24, 26, 38
fühlen to feel 140, 142
Führerschein driving licence 16, 20
Führung guided tour 83
Füllfederhalter fountain pen 116
Fundbüro lost property office 67, 99, 156
fünf five 147
fünfte fifth 149
fünfzehn fifteen 147
fünfzig fifty 147
funktionieren to work 28, 119
für for 15
Furunkel boil 139
Fuß foot 138; *(zu Fuß)* on foot 67, 76, 85
Fußball football 89
Fußcreme foot cream 106
Fußgänger pedestrian 79
Fußweg footpath 85

G

Gabardine gabardine 110
Gabel fork 36, 61, 118
Galerie gallery 81; *(Theater)* upper circle 88
Gallenblase gall-bladder 138
Gangschaltung gears 78
Gans goose 47
ganz whole 143
Garage garage 26
Garderobe cloakroom 88
Garten garden 85
Gas gas 32, 117, 156
Gaskocher gas cooker 117
Gasthaus inn 33
Gaze gauze 105
Gebäck pastry 54
gebacken baked 44, 46, 50
Gebäude building 81, 83
geben to give 13, 125, 126
Gebiß denture 145
geboren born 150
gebraten fried 44, 46, 50
Gebrauch use 17
Gebrauchtwarenladen second-hand shop 98
gebrochen broken 139, 140
Gebühr commission 130; charge 136
Geburtsdatum date of birth 25
Geburtsort place of birth 25
Geburtstag birthday 151, 152
gedämpft *(Küche)* steamed 48
Gedeck cover charge 40, 62
Gefahr danger 79, 155, 156
gefährlich dangerous 91
gefallen to like 25, 92, 101, 108, 110
Geflügel poultry 47
gegen against 15
Gegensatz opposite 14
gegenüber opposite 77
gegrillt grilled 44, 46
gehen to walk 74; to go 88, 96
Gehirnerschütterung concussion 139
gekocht boiled 38, 46
gelb yellow 109
Gelbsucht jaundice 142
Geld money 130, 156; *(Währung)* currency 102
Geldschein (bank) note 130
Gelenk joint 138
gemischt mixed 48
Gemüse vegetable 48
Gemüsehandlung greengrocer's 98
genug enough 14
geöffnet open 82
Geologie geology 83
Gepäck luggage 17, 18, 26, 31, 71
Gepäckaufbewahrung left-luggage office 18, 67, 71
Gepäckhandwagen luggage trolley 18, 71
Gepäckträger porter 18, 71
Gepäckwagen luggage van 66
geradeaus straight ahead 21, 77
Gericht court house 81; *(Mahlzeit)* dish 36, 40, 46, 50
Geschäft shop 98; business 131

Geschäftsreise business trip 93
Geschäftsviertel business district 81
Geschenk gift 17; present 122
Geschenkpapier gift wrapping paper 116
Geschichte history 83
Geschirr crockery 117, 118
Geschlechtskrankheit venereal disease 142
Geschlechtsorgane genitals 138
geschlossen shut 14
Geschwindigkeit speed 79
geschwollen swollen 139
Gesicht face 138
Gesichtsmaske face-pack 30
Gesichtspuder face powder 106
Gespräch *(Telefon)* call 136
Gestell *(Brille)* frame 125
gestern yesterday 151
getönt tinted 125
Getränk drink 55, 57, 58, 61
Getränkekarte wine list 36
Getreideflocken cereal 38
getrennt separate 62
Gewinn profit 131
Gewitter thunderstorm 94
Gewohnheit habit 34
gewöhnlich usual 143
Gewürz spice 49
Gewürzgurke gherkin 48, 64
Gift poison 105, 156
Gipsverband plaster 140
Glas glass 37, 56, 58, 61, 123, 143; *(Brille)* lens 125; *(Einmach-)* jar 124
glauben *(meinen)* to think 31, 62, 94, 102
gleiche same 114
Gleis platform 69
Glück luck 152
glücklich happy 152
Glückwunsch congratulation 152
Glühbirne bulb 28, 75, 119
Gold gold 122, 123
goldfarben golden 109
Goldschmied goldsmith 98
Golf golf 90
Golfplatz golf course 90
gotisch gothic 83
Gottesdienst (religious) service 84
Grab tomb 81
Gramm gram 124
Grammatik grammar (book) 116
Grapefruit grapefruit 41, 52, 58
grau grey 109
Griechenland Greece 146
Grill grill 117
Grippe flu 142
groß big 14, 25, 101; large 20, 109, 114
großartig magnificent 84
Großbritannien Great Britain 146
Größe size 108, 109
Großmutter grandmother 93
Großvater grandfather 93
grün green 109
Grünanlage garden 81
grüne Karte Green Card 16
Gruppe group 82
Gruß greeting, regard 152
gültig valid 17, 65, 136
Gummi rubber 114
Gummiband elastic 113
Gummisohle rubber sole 114
Gummistiefel Wellington boot 114
Gurke cucumber 41, 48
Gürtel belt 112
gut good 14, 35, 86, 96, 108; *(Adv.)* well 10; fine 25

H

Haar hair 30, 107
Haarbürste hairbrush 107
Haarentfernungsmittel depilatory cream 106
Haarfärbemittel hair dye 107
Haarfestiger setting lotion 30, 107
Haar-Gel hair gel 30, 107
Haarklemme hair grip 107
Haarnadel hair pin 107
Haarschnitt haircut 30
Haarspange hair slide 107
Haarspray hair spray 30, 107
Haartrockner hair dryer 119
Haarwaschmittel shampoo 30, 107
Haarwasser hair lotion 31, 107
haben to have 13, 162
Hackfleisch minced meat 45
Hafen harbour 74, 81
Hafenanlagen docks 81
Hafenrundfahrt tour of the harbour 74
Haferbrei porridge 38
Hagel hail 94
Hähnchen chicken 47, 63
halb half 69, 80, 124, 149

Halbpension half board 24
Hälfte half 149
Hallo! hello 135
Hals *(Kehle)* throat 138, 141; *(Nacken)* neck 138
Halskette necklace 122
Halspastille throat lozenge 105
Halsschmerzen sore throat 141
Halstuch scarf 112
Halt! stop! 156
halten to stop 21, 68, 70, 72, 156
Haltestelle stop 73
Hammelfleisch mutton 45
Hammer hammer 117
Hand hand 138
Handcreme hand cream 106
handgearbeitet handmade 111
Handschuh glove 112
Handtasche handbag 112, 156
Handtuch towel 27
Hängematte hammock 117
hart hard 38, 125
Hase hare 47
Haselnuß hazelnut 52
häßlich ugly 14, 84
Haupt- main 40, 67, 80
Hauptrolle lead 87
Haus house 40, 83, 85
Hausdiener *(Hotel)* porter 27
hausgemacht home-made 40, 59
Hausschuh slipper 114
Haut skin 138
Hecht pike 44
Heftklammer staple 116
Heftpflaster Elastoplast 105
Heide heath 85
Heidelbeere bilberry, blueberry 52
Heilbutt halibut 44
heiß hot 14, 38, 155
heißen *(bedeuten)* to mean 12
heizen to heat 90
Heizung heating 23, 28
helfen to help 13, 21, 71, 78, 100, 102
hell light 101, 109, 110
Hemd shirt 112
herabsetzen to reduce 79
Herbst autumn 150
Hering herring 41, 44; *(Zelt)* tent peg 117
Herr Mr. 10, 154
Herrenschneider tailor's 99
herrlich superb 84; lovely 94
Herz heart 138
Herzanfall heart attack 141
Herzklopfen palpitations 141
Herzmuschel cockle 44
Heuschnupfen hay fever 104
heute today 29, 151
hier here 14
Hilfe help 156
Himbeere raspberry 52
Himmel sky 94
hin und zurück *(Fahrt)* return 65, 69
hinauf up 14
hinlegen to lie down 142
hinsetzen, sich to sit down 95
hinten at the back 145
hinter behind 15
hinterlegen to deposit 20
hinunter down 14
Hinweis notice 155
Hirsch *(Küche)* venison 47
hoch high 85, 114, 141
Hochsaison high season 150
Höhle cave 85
holen to get 137, 156
Holzkohle charcoal 117
homöopathisch homeopathic 104
Honig honey 38, 59
Honorar fee 144
hören to listen 128
Hose trousers 112
Hosenträger braces 112
Hotel hotel 19, 21, 22, 30, 80, 96, 102
Hotelpersonal hotel staff 27
Hotelreservierung hotel reservation 19
Hotelvermittlung hotel reservation 67
Hotelverzeichnis hotel guide 19
hübsch pretty 84
Hubschrauber helicopter 74
Hüfthalter girdle 112
Hügel hill 85
Huhn chicken 47
Hühneraugenpflaster corn pad 105
Hummer lobster 41, 44
Hund dog 155
hundert hundred 148
Hunger haben to be hungry 13, 35
hungrig hungry 35
Husten cough 104, 141
husten to cough 142
Hustensirup cough syrup 105
Hut hat 112
Hypothek mortgage 131

I

ich I 161
Identitätskarte identity card 16
ihr you 161
Imbiß snack 63
immer always 15
impfen to vaccinate 140
importiert imported 111
in in 15
inbegriffen included 20, 24, 31, 32, 62, 80
Indien India 146
Infektion infection 145
infiziert infected 140
Inflation inflation 131
Inflationsrate rate of inflation 131
Informationsstelle information desk 19
Ingwer ginger 49, 53, 59
Innenstadt city centre, town centre 81
Insektenschutz insect repellent 105
Insektenstich insect bite 104
Insektizid insect spray 105
interessant interesting 84
interessieren, sich to be interested in 83, 96
international international 133, 134
irgendwo somewhere 88
irisch Irish 93
Irland Ireland 146
Irrtum mistake 61
Italien Italy 146

J

ja yes 10
Jacke jacket 112
Jade jade 123
jagen to hunt 90
Jahr year 92, 149
Jahreszeit season 150
Jahrhundert century 149
Jahrzehnt decade 149
Januar January 150
Japan Japan 146
Jeans jeans 112
Jeansstoff denim 110
jeder every 149
jemand anyone 12
jetzt now 15
Jod iodine 105
Joggen jogging 90
Joghurt yoghurt 64
Johannisbeere red currant 52
Jugendherberge youth hostel 32
Juli July 150
jung young 14
Junge boy 108, 128
Juni June 150
Juwelier jeweller's 98, 122

K

Kabeljau cod 44
Kabine cabin 74
Kaffee coffee 38, 60, 64
Kalbfleisch veal 45
Kalender calendar 116
kalt cold 14, 25, 38, 61, 155
Kamelhaar camel-hair 110
Kamera camera 120, 121
Kamm comb 107
Kammermusik chamber music 128
Kammgarn worsted 110
Kammuschel scallop 44
Kanada Canada 146
Kanal canal 85
Kaninchen rabbit 47
Kapelle chapel 81
Kaper caper 49
Kapital capital 131
Kapitalanlage investment 131
kaputt broken 29, 119
Karat carat 122
Karfreitag Good Friday 152
Karotte carrot 48
Karte card 131; *(Land-)* map 76, 116; *(Eintritts-)* ticket 87, 88, 89
Kartenspiel card game 128
Kartenverkauf box office 86
Kartoffel potato 50
Kartoffelchip crisp 63
Kartoffelpüree mashed potatoes 50
Käse cheese 38, 51, 64, 124, 127
Käsekuchen cheesecake 54
Kasse cash desk 103, 155
Kassette cassette 127; *(Film)* cartridge 120
Kassettengerät cassette recorder 119
Kastanie chestnut 52
Katalog catalogue 82, 115
Kater hangover 104
Kathedrale cathedral 81
katholisch catholic 84
Kauf purchase 131
kaufen to buy 82, 100

Kaugummi chewing gum 126
Keilriemen fan belt 75
kein no 14
Keks biscuit 64, 127
Kellner waiter 27
Kellnerin waitress 27
kennen to know 96, 109
Keramik ceramics 83
Kerze candle 117
Kette chain 122
Keule leg 45
Kiefer jaw 138
Kilo kilo 124
Kilometer kilometre 158
Kilometergeld mileage 20
Kilt kilt 127
Kind child 24, 36, 82, 93, 139, 150
Kinderarzt children's doctor 137
Kinderbett cot 24
Kinderbuch children's book 116
Kinderkleider children's clothes 112
Kino cinema 86, 96
Kirche church 81, 84
Kirsche cherry 52
Klappstuhl folding chair 117
Klapptisch folding table 117
Klasse class 65, 69
klassisch classical 128
Klebstoff glue 116
Klebstreifen adhesive tape 116
Kleid dress 112
Kleider clothes 29, 112
Kleiderbügel hanger 27
Kleidergeschäft clothes shop 98, 108
klein small 14, 20, 25, 37, 61, 101, 109, 114, 122
Kleingeld (small) change 62, 77, 130
Kleintaxi minicab 21
klemmen to jam 28, 121; to stick 28
Klimaanlage air conditioning 23, 28
Klingel bell 144
klingeln to ring 155
Klippe cliff 85
klopfen to knock 155
Kloster *(Frauen)* convent; *(Männer)* monastery 81
Knie knee 138
Kniestrumpf (knee)sock 112
knitterfrei crease resistant 111
Knoblauch garlic 49
Knöchel ankle 139
Knochen bone 138
Knopf button 113
Kochtopf saucepan 117
koffeinfrei decaffeinated 38, 60
Koffer suitcase 18
Kofferkuli luggage trolley 18, 71
Kofferradio portable radio 119
Kognak cognac 57
Kohl cabbage 48
Kohletablette charcoal tablet 105
Kohlrübe turnip 48
Kokosnuß coconut 52
kommen to come 36, 92, 95, 137, 146
Komödie comedy 86
Kompaß compass 117
Konditorei cake shop 98
Kongreßhaus conference centre 81
königlich royal 81
können can 13
Konsulat consulate 156
Kontaktlinse contact lens 125
Konto account 130
Kontokarte bank card 130
Kontrolle control 16
kontrollieren to check 75, 125
Konzert concert 86, 87
Konzerthalle concert hall 87
Kopf head 138, 139
Kopfhörer headphone 119
Kopfkissen pillow 27
Kopfschmerzen headache 104, 141
Koralle coral 123
Korb basket 117
Korbwaren rushwork 127
Kord corduroy 110
Korkenzieher corkscrew 117
Körper body 138
Körpermilch body milk 106
Körperpuder talcum powder 106
Kosmetikartikel toiletry 106
Kosmetiksalon beauty salon 30, 99
kosten to cost 80
Kostenvoranschlag estimate (of the cost) 79, 131
Kostüm suit 112
Kotelett chop 45
Koteletten sideboards 31
Krabbe crab 41, 44
Kragen collar 113
Krampf cramp 141
krank ill 140, 156
Krankenhaus hospital 142, 144
Krankenkasse health insurance 144
Krankenschwester nurse 144
Krankenwagen ambulance 79, 156

Krankheit illness 140
Kraut herb 49
Krawatte tie 112
Krawattenklipp tie clip 122
Krawattennadel tie pin 122
Krebs crayfish 44
Kredit credit 131
Kreditbrief letter of credit 130
Kreditkarte credit card 20, 31, 62, 102, 130
Kreide chalk 116
Kreisverkehr roundabout 79
Krepp crepe 110
Kreuz cross 122
Kreuzfahrt cruise 74
Kreuzgang cloister 81
Kreuzung crossroads 77
Krevette shrimp 42, 44
Kricket cricket 89
Kriminalroman detective story 116
Kristall crystal 123
Küche cuisine 35
Kuchen cake 37, 54, 59; pie 53; tart 54
Kugelschreiber ball-point pen 116
Kühlbeutel ice pack 117
Kühler radiator 78
Kühltasche cool box 117
Kümmel caraway 49
Kunst art 83
Kunstgalerie art gallery 81, 99
Kunsthandwerk handicrafts 83
Künstler(in) artist 83
künstlich artificial 120
Kupfer copper 123
Kupplung clutch 78
Kürbis pumpkin 48
Kurs course 16
Kurtaxe tourist tax 32
kurz short 30, 101, 111, 113
kurzsichtig short-sighted 125
Kurzwarenhandlung haberdasher's 98

L

lachen to laugh 95
Lachs salmon 42, 44
Laden store 98
Lamm lamb 45
Lampe lamp 29, 117, 119
Land country 92, 146; countryside 85
Landkarte map 116
Landschaft landscape 92
lang long 61, 101, 111, 113
langsam slow 14, 21, 79, 135
lassen to leave 26, 96, 156
Laterne lantern 117
Lattich lettuce 48
Lauch leeks 48
laut noisy 25; loud 135
läuten to ring 155
Lautsprecher speaker 119
leben to live 83
Lebensmittelgeschäft grocer's 98, 124
Lebensmittelvergiftung food poisoning 142
Leber liver 45, 138
Leberwurst liver sausage 41, 64
Leder leather 110, 114
Lederwarengeschäft leather goods shop 98
ledig single 93
leer empty 14
leicht light 14, 100; *(Aufgabe)* easy 14
Leichtathletik athletics 89
leihen to lend 78
Leim glue 116
Leinen linen 110, 127
Lende loin 45
Leselampe reading lamp 27
lesen to read 40
letzte last 68, 72, 92, 149, 151
Leute people 92
Licht light 28
Lidschatten eye shadow 106
Lidstift eye-liner 106
lieben to love 162
Lied song 128
liefern to deliver 102
Lieferung delivery 102
Liege berth 69
Liegestuhl deck chair 117
Likör liqueur 57
lila lilac 109
Limonade lemonade 58, 64
Limone lime 52, 58
Lineal ruler 116
Linie line 73, 136
links left 21, 30, 77, 79
Linse lentil 48; *(optisch)* lens 125
Lippe lip 138
Lippenpomade lipsalve 106
Lippenstift lipstick 106
Liter litre 124, 158

Literatur literature 83
Loch hole 29
Lockenwickler curler 107
Löffel spoon 37, 61, 118
Loge box 88
lokal local 36
Lorbeer bay leaf 49
Luftmatratze air mattress 117
Luftpost airmail 132
Luftpumpe air pump 117
Lunge lung 138
Lungenentzündung pneumonia 142
Lupe magnifying glass 125

M

machen to make 131; to do 93, 162; to prepare 28, 71
Mädchen girl 108, 128
Magen stomach 138
Magenschleimhautentzündung gastritis 142
Magenschmerzen stomach ache 141
Magenverstimmung upset stomach 104, 141
Mahlzeit meal 24, 143
Mai May 150
Mais sweetcorn 48
Makrele mackerel 41, 44
Mal time 95, 149
Malbuch colouring book 128
malen to paint 83
Maler(in) painter 83
Malerei painting 83
Malkasten paintbox 116
Mandarine tangerine 52
Mandel almond 52; *(Rachen-)* tonsil 138
Maniküre manicure 30
Mann man 108; *(Gatte)* husband 10, 93
Mannschaft team 89
Manschettenknopf cuff link 113, 122
Mantel coat 112
Mark mark 18, 130
Markt market 81, 98
Marmelade jam 38, 60, 124
März March 150
Maschine machine 111
Masern measles 142
Maß nehmen to measure 109
Material material 110
Matratze mattress 117
Mauer wall 85
Mechaniker mechanic 78
Medikament medicine 143
Medizin medicine 83
Meer sea 23, 85
Meeresfrüchte seafood 44
Meerrettich horse radish 49
Mehl flour 37
mehr more 14
Mehrwertsteuer Value Added Tax (V.A.T.) 24, 102, 154
Meile mile 20, 79
mein my 161
Melone melon 41, 52
Menge quantity 14
Menstruationsbeschwerden period pains 141
Menü menu 37
Messe mass 84; *(Waren-)* fair 81
messen to measure 109
Messer knife 37, 61, 118
Meter metre 111
Metzgerei butcher's 98
Miesmuschel mussel 44
mieten to hire 19, 20, 74, 90, 91, 119; *(Wohnung)* to rent 22
Milch milk 38, 59, 60, 64, 124
Milchhandlung dairy 98
mild mild 51, 126
Milliarde milliard 148
Million million 148
mindestens at least 24
Mineralwasser mineral water 58, 64
Minute minute 21, 69, 153
Minze mint 49
mit with 15
mitbringen to bring 95
mitnehmen to take 103
Mittag noon 31, 153
Mittagessen lunch 80, 94
mittags at noon 151
Mitte middle 30, 69, 88, 150
mittel *(Größe)* medium 109
Mittel *(Medizin)* remedy 104
Mitternacht midnight 151, 153
Mittwoch Wednesday 151
Möbel furniture 83
Mode fashion 83
modern modern 83, 100
mögen to like 13
möglich possible 111, 137
Mohrrübe carrot 48

Moment moment 136
Monat month 16, 150
Mond moon 94
Montag Monday 151
Moped moped 74
morgen tomorrow 29, 95, 96, 137, 143, 151
Morgen morning 10
Morgenrock dressing gown 112
morgens in the morning 151
Moschee mosque 84
Moskitonetz mosquito net 117
Motor motor 78
Motorboot motorboat 91
Motorrad motorbike 74
Motorroller scooter 74
müde tired 13
Mund mouth 138, 142
Mundwasser mouthwash 106
Münze coin 83
Muschel mussel 41, 44; clam, cockle 44
Museum museum 81
Musical musical 86
Musik music 83, 128
Musikalienhandlung music shop 98
Muskel muscle 140
müssen must 31, 95
Mutter mother 93
Mütze cap 112

N

nach *(Zeit)* after 15; *(Richtung)* to, towards 15
nachher after 14
Nachmittag afternoon 10
nachmittags in the afternoon 151
Nachmittagsvorstellung matinée 87
Nachricht message 28, 136
Nachsaison low season 150
Nachsendeadresse forwarding address 31
nächste *(Reihenfolge)* next 65, 68, 73, 149, 151; *(örtlich)* nearest 73, 78, 98
Nacht night 10, 24
Nachtcreme night cream 106
Nachthemd night gown 112
Nachtisch dessert 37, 53
Nachtklub nightclub 88
nachts at night 151
Nacken neck 30
Nadel needle 27
Nagel nail 106 , 117
Nagelbürste nail brush 106
Nagelfeile nail file 106
Nagellack nail polish 106
Nagellackentferner nail polish remover 106
Nagelschere nail scissors 106
Nagelzange nail clippers 106
nahe near 14
nähen to sew 29; to stitch 29, 114
Nahrung food 107
Nahverkehrszug local train 66, 69
Name name 23, 25, 79, 131, 136
Narkose anaesthetic 144
Nase nose 138
Nasenbluten nosebleed 141
Nasentropfen nose drops 105
Nationalität nationality 25
Naturgeschichte natural history 84
Nebel fog 94
neben next to 15
Nebenanschluß extension 135
Neffe nephew 93
nehmen to take 18, 25, 72, 101, 143; *(annehmen)* to accept 62, 102
nein no 10
Nerv nerve 138
Nervensystem nervous system 138
nett kind 95
neu new 14
Neujahr New Year 152
neun nine 147
neunte ninth 149
neunzehn nineteen 147
neunzig ninety 148
Neuseeland New Zealand 146
nicht not 15
Nichte niece 93
Nichtraucher nonsmoker 36, 68
nichts nothing 15
nie never 15
Niederlande Netherlands 146
niedrig low 141
niemand nobody 15
Niere kidney 45, 138
noch yet 15
Nordamerika North America 146
Norden north 77
normal normal 30, 106, 107
Norwegen Norway 146
Notausgang emergency exit 27, 103, 155

persönlich personal 17
Perücke wig 107
Petersilie parsley 49
Petroleum paraffin 117
Pfannkuchen pancake 54
Pfarrer minister 84
Pfeffer pepper 37, 38, 49, 64
Pfeife pipe 126
Pfeifenbesteck pipe tool 126
Pfeifenreiniger pipe cleaner 126
Pfeifentabak pipe tobacco 126
Pferderennen (horse) racing 89
Pfirsich peach 52, 54, 124
Pflanze plant 85
Pflaume plum 52
pflegeleicht easy care 111
Pfund pound 101, 103, 129, 130; *(Gewicht)* pound 124
Picknick picnic 63
Picknickkorb picnic basket 117
Pille pill 141
Pilz mushroom 41, 48
Pinzette tweezers 106
Planetarium planetarium 81
Plastik plastic 117, 118
Plastikbeutel plastic bag 117
Platin platinum 123
Platte record 128
Plattenspieler record player 119
Plattfuß *(Auto)* flat tyre 78
Platz *(Raum)* room 32; *(Sitz-)* seat 69, 70, 87, 88; *(öffentl.)* square 81
Platzreservierung booking office 67
Plombe filling 145
Politik politics 84
Polizei police 79, 156
Polizeiwache police station 99, 156
Pommes frites chips 50, 63
Ponyfransen fringe 30
Portier hall porter 27
Portion portion 37, 53
Porto *(Post)* postage 132
Portugal Portugal 146
Portwein port 57
Porzellan china 127
Post post 28, 133
Postamt post office 99, 132
Postanweisung money order 133
Postkarte postcard 116, 126, 132
postlagernd poste restante 133
Präservativ condom 105
Preis price 69
preiswert inexpensive 35, 120
Priester priest 84
prima great 95
privat private 91, 155
Probe *(mediz.)* specimen 142
probieren to try 53
Programm programme 88
Prospekt brochure 120
Prost! cheers 58
protestantisch Protestant 84
Proviantbehälter food box 117
provisorisch temporary 145
Prozent per cent 149
Prozentsatz percentage 131
prüfen to check 75
Puder powder 106
Pullover pullover, jumper 113
Pulverkaffee instant coffee 64
pünktlich on time 68
Puppe doll 128
pur neat 57
Puzzle jigsaw puzzle 128

Q

Quarz quartz 122
Quelle spring 85
quetschen *(Muskel)* to bruise 140
Quitte quince 52
Quittung receipt 102, 103, 144

R

Rabatt rebate 131
Rabbiner rabbi 84
Rad wheel 78; *(Fahr-)* bicycle 74
Radfahren cycling 90
Radiergummi rubber 116
Radieschen radish 48
Radio radio 23, 28, 119
Radiowecker clock-radio 119
Radrennen cycle racing 89
rasch quickly 137
Rasierapparat razor 106; *(elektr.)* shaver 26, 119
Rasiercreme shaving cream 106
rasieren to shave 31
Rasierklinge razor blade 106
Rasierpinsel shaving brush 107
Rasierwasser after-shave lotion 107
Rate rate 131
Rathaus city hall, town hall 81
rauchen to smoke 95, 155
Raucher smoker 68
Räucherhering kipper 41

Räucherlachs smoked salmon 42
Rebhuhn partridge 47
Rechnung bill 31, 62; invoice 131
rechteckig rectangular 101
rechts right 21, 30, 77
rechtzeitig on time 153
Redewendung expression 100
Reformhaus health food shop 99
Regal shelf 124
Regen rain 94
Regenmantel raincoat 113
Regenschirm umbrella 113
Regisseur director 87
regnen to rain 94
Reh *(Küche)* venison 47
reif mature 51
Reifen tyre 75, 76
Reifenpanne puncture 75
rein pure 111
reinigen to clean 29, 76
Reinigungscreme cleansing cream 106
Reis rice 50
Reise journey 152
Reisebüro travel agency 99
Reiseführer guidebook 115, 116
Reisekrankheit travel sickness 104
reisen to travel 93
Reisenecessaire travelling toilet kit 107
Reisescheck traveller's check 18, 62, 102, 130
reißen to tear 140
Reißverschluß zip 113
Reißzwecke drawing pin 116
Reiten (horse) riding 90
Reklamation complaint 61
Religion religion 84
Rennbahn race course 90
Rentner(in) pensioner 82
Reparatur repair 79, 114, 121
Reparaturwerkstatt garage 78
reparieren to repair 29, 79, 114, 119, 121, 122, 125, 145
reservieren to reserve 19, 23, 36, 69
Reservierung reservation 19, 23, 69
Reservierungsschalter booking office 19, 69
Restaurant restaurant 32, 35, 67
Rettich radish 42, 48
Rettungsboot life boat 74
Rettungsdienst lifeguard 91
Rettungsring life belt 74
Rezept *(Arzt)* prescription 104, 143
R-Gespräch reversed-charge call 135
Rhabarber rhubarb 52
Rheumatismus rheumatism 141
richtig right 12, 14, 70, 76
Richtung direction 76
Rinderbraten roast beef 45
Rindfleisch beef 45
Ring ring 123
Rippe rib 138
robust sturdy 100
Rock skirt 113
Rolladen blind 29
Rollfilm roll film 120
Rollkragen polo neck 113
Rollschuh roller skate 128
Rolltreppe escalator 103
Roman novel 115
romantisch romantic 84
Röntgenaufnahme X-ray 140
rosa pink 109
rosé rosé 56
Rosenkohl Brussels sprout 48
Rosenkranz rosary 123
Rosine raisin 52
Rosmarin rosemary 49
rostfreier Stahl stainless steel 118, 123
rot red 109
rote Bete beetroot 48
Rouge blusher 107
Rubin ruby 123
Rücken back 138; *(Fleisch)* saddle 45
Rückenschmerzen backache 141
Rückerstattung refund 103
Rucksack rucksack 117
Ruderboot rowing-boat 91
Rudern rowing 89
rufen to call 79, 156
ruhig quiet 23, 25
Rührei scrambled eggs 38, 63
Ruine ruin 81
Rum rum 57
rund round 101
Rundfahrt tour 74, 80

S

Safe safe 26
Safran saffron 49
Saft juice 37, 38, 58, 64
sagen to say 12; to tell 13, 73, 76, 136, 153
Sahne cream 38, 60

Saison season 40, 150
Salat salad 42
Salatsoße dressing 42
Salbe cream 105
Salz salt 37, 38, 49, 64
Salzgebäck cracker 64
salzig salty 61
Samstag Saturday 151
Samt velvet 110
sandig sandy 91
Sandale sandal 114
Sandwich sandwich 63
Saphir sapphire 123
Sardelle anchovy 41, 44
Sardine sardine 42, 44
Satin satin 110
Satz sentence 12
sauber clean 61
Sauce sauce 49
sauer sour 61
Saugflasche feeding bottle 107
Säugling baby 107
Säuglingsnahrung baby food 107
Schach chess 128
Schachtel box 124; *(Zigaretten)* packet 126
Schallplatte record 127
Schalter *(Licht-)* switch 29; *(Post-)* counter 132, 133
Schaltjahr leap year 149
scharf *(Speise)* hot 50
Schaufel spade 128
Schaufenster window 100, 108
Schaumbad bubble bath 107
Schauspieler actor 86
Scheck cheque 130, 131
Scheibe *(Brot, Wurst)* slice 124
Scheibenwischer wiper 76
Scheidenentzündung vaginal infection 141
Schein *(Geld)* note 130
Scheinwerfer headlight 78
Scheitel parting 30
Schellfisch haddock 44
Schenkel thigh 138
Schere scissors 117
scheußlich awful 94
schicken to send 78, 102, 103, 133
Schiff ship, boat 74
Schild *(Verkehrs-)* sign 77
Schinken ham 38, 41, 45, 64, 124
Schlafanzug pyjamas 113
schlafen to sleep 144
Schlafmittel sleeping pill 105, 143
Schlafsack sleeping bag 117
Schlafwagen sleeping car 66, 68, 69, 71
Schläger racket 90
Schlagsahne whipped cream 53, 60
schlecht bad 14, 95
schließen to close 11, 82, 98, 104, 129, 132
Schließfach luggage locker 18, 71
Schlittschuh skate 91
Schloß castle 82
schlucken to swallow 143
Schlüpfer panties 113
Schlüssel key 26, 156
Schlußverkauf clearance 99
schmal narrow 101
schmecken to enjoy 62
Schmerz pain 140, 141, 143, 144
schmerzen to hurt 140
Schmerzmittel analgesic 105, 140
Schmorbraten pot roast 45
Schmuck jewellery 113
Schnalle buckle 113
Schnecke snail 42
Schnee snow 94
schneiden to cut 139
Schneider tailor 99
schneien to snow 94
schnell fast 14; quick 156; *(Adv.)* quickly 79, 137
Schnellimbiß snack bar 67
Schnellzug intercity train 66, 68; express (train) 66
Schnittlauch chives 49
Schnittwunde cut 139
Schnitzel escalope 45
Schnorchel snorkel 128
Schnuller dummy 107
Schnur string 116, 118
Schnurrbart moustache 31
Schnürsenkel shoelace 114
Schokolade chocolate 38, 54, 64, 124, 126
Scholle *(Fisch)* plaice 44
schon already 15
schön beautiful 14, 84; nice 94; lovely 95, 96
Schönheitssalon beauty salon 30
Schottenmuster tartan 109
Schottenstoff tartan 110, 127
schottisch Scottish 93
Schottland Scotland 146
Schraubenschlüssel spanner 78
Schraubenzieher screwdriver 118

schrecklich horrible 84
Schreibblock writing pad 116
Schreibheft exercise book 116
Schreibmaschine typewriter 27
Schreibmaschinenpapier typing paper 116
Schreibpapier writing paper 27
Schreibwarenhandlung stationer's 99, 115
Schuh shoe 114
Schuhcreme shoe polish 114
Schuhgeschäft shoe shop 99
Schuhmacher shoemaker's 99
schulden to owe 144
Schule school 79
Schulter shoulder 138
Schuppen *(Haar)* dandruff 107
Schürze apron 113
Schüttelfrost shivers 140
Schwamm sponge 107
schwanger pregnant 141
schwarz black 109
Schwarzweißfilm black and white film 120
Schweden Sweden 146
Schweinefleisch pork 45
Schweiz Switzerland 132, 134, 146
Schweizer(in) Swiss 92
Schweizer Franken Swiss franc 18, 130
Schwellung swelling 139
schwer heavy 14; *(Verletzung)* serious 139
Schwester sister 93
schwierig difficult 14, 115
Schwierigkeit difficulty 28, 102
Schwimmbad swimming pool 32, 90
schwimmen to swim 90, 91
Schwimmflosse flipper 128
schwindlig dizzy 140
sechs six 147
sechste sixth 149
sechzehn sixteen 147
sechzig sixty 147
See lake 23, 82, 85, 90
Seezunge sole 44
Segelboot sailing-boat 91
Segeln sailing 90
sehen to see 25, 26, 89, 122
Sehne tendon 138
sehr very 15
Seide silk 110
Seife soap 27, 107
Seil rope 118
sein to be 13, 161; *(Pron.)* his 161
seit since 15, 150
Seite side 30
Sekretär(in) secretary 27, 131
Sekunde second 153
Sekundenzeiger second hand 122
Selbstbedienung self-service 75
selbstklebend adhesive 115
Sellerie celery 48
seltsam strange 84
senden to send 132
Senf mustard 64, 124
September September 150
servieren to serve 26
Serviette napkin 37
setzen, sich to sit down 95
Shampoo shampoo 107
Shorts shorts 113
sicher sure 12
Sicherheitsgurt safety belt 75
Sicherheitsnadel safety pin 107, 113
Sicherung fuse 119
sie she 161; *(pl.)* they 161
Sie you 161
sieben seven 147
siebte seventh 149
siebzehn seventeen 147
siebzig seventy 148
Siegelring signet ring 123
Silber silver 122, 123
silbern silver 109
singen to sing 87
Skiausrüstung skiing equipment 91
skifahren to ski 90, 91
Skonto discount 131
Smaragd emerald 123
Socke sock 113
sofort at once 31; immediately 36, 137
Sohle sole 114
Sohn son 93
Solist(in) soloist 87
Sommer summer 150
Sondertarif special rate 20; special fare 65
Sonne sun 94
Sonnenblende *(Kamera)* lens shade 121
Sonnenbrand sunburn 104
Sonnenbrille sunglasses 125
Sonnencreme sun-tan cream 107
Sonnenöl sun-tan oil 107
Sonnenschirm sunshade 91

WÖRTERVERZEICHNIS

Dictionary

Sonnenstich sunstroke 141
Sonntag Sunday 82, 151
Sorte sort 124; kind 56
Soße sauce 49
Sowjetunion Soviet Union 146
Spanferkel sucking pig 46
Spanien Spain 146
Spargel asparagus 41, 48
spät late 14, 153
Speck bacon 38, 50
Speiseeis ice-cream 54, 64
Speisekarte menu 36, 39, 40
Speisesaal dining-room 27
Speisewagen dining car 66, 68, 70
Spezialist specialist 142
Spezialität speciality 40, 42, 47
Spiegel mirror 111, 125
Spiegelei fried egg 38
Spiel game 128; *(Wettkampf)* match 89
spielen to play 87, 89, 90
Spielkarte playing card 116, 128
Spielplatz playground 32
Spielwarengeschäft toy shop 99
Spielzeug toy 128
Spinat spinach 48
Spirituosenhandlung off-licence 99
Spitze *(Textil)* lace 110
Sport sport 89
Sportgeschäft sporting goods shop 99
Sportjacke sports jacket 113
Sportveranstaltung sporting event 89
Sprachkurs language course 16
sprechen to speak 12, 16, 135, 137
Sprechstunde surgery hour 137
Springbrunnen fountain 81
Spritze injection 142, 143, 144
Spülmittel washing-up liquid 118
Stachelbeere gooseberry 52
Stadion stadium 82
Stadt city, town 19, 21, 72, 76, 82
Stadtmauer city wall 82
Stadtplan street map 19, 116
Stadtrundfahrt sightseeing tour 80
Stadtzentrum town centre 21, 72, 76, 82; city centre 82
Stahl steel 118
Stange *(Zigaretten)* carton (of cigarettes) 17, 126
stark strong 126, 143
Starrkrampf tetanus 140
starten *(Flugzeug)* to take off 65
Station station 73
Stativ tripod 121
statt instead of 37
Statue statue 82
Steak steak 45
stechen to sting 139
Steckdose socket 26, 29
Stecker plug 29, 119
stehlen to steal 156
steif stiff 141
Stein stone 123
Steinbutt turbot 44
Steingarnele prawn 42, 44
steinig stony 91
stellen to put 24
Stern star 94
Sternwarte observatory 81
Steuerung steering 78
Stich sting 139
Stiefel boot 114
Stockwerk floor 103
Stoff fabric 110, 111, 127
Stoffladen draper's 99
Stoppuhr stop-watch 123
stoßen to push 155
Strand beach 91, 128
Straße street 25; road 76, 77, 78, 85
Straßenhilfe road assistance 78
Straßenkarte road map 116
Streichholz match 118, 126
Strickjacke cardigan 113
Strom electricity 32
Stromspannung voltage 26
Strömung current 91
Strumpf stocking 113
Strumpfhose tights 113
Stück piece 18, 124; *(Theater)* play 86
Student(in) student 82, 93
studieren to study 93
Stuhl chair 117, 118
Stuhlgang stools 142
Stunde hour 77, 80, 90, 143, 153
Sturm storm 94
stutzen *(Bart)* to trim 31
suchen to look for 13, 100
Südafrika South Africa 146
Südamerika South America 146
Süden south 77
Supermarkt supermarket 99
Suppe soup 43
süß sweet 61

Süßstoff artificial sweetener 37, 38
Süßwarenladen sweet shop 99
Synagoge synagogue 84
synthetisch synthetic 111
System system 138

T

Tabak tobacco 126
Tabakladen tobacconist's 99, 126
Tabelle table 157
Tablette tablet 105
Tafel *(Schokolade)* bar 124
Tafelsilber silverware 123
Tag day 10, 16, 20, 32, 80, 90, 94, 143, 151
Tagescreme day cream 107
Tagesgericht dish of the day 40
Tageslicht daylight 120
Tagesmenü set menu 36, 40
tagsüber during the day 151
Tal valley 85
Tampon tampon 105
Tankstelle petrol station 75
Tante aunt 93
tanzen to dance 87, 88, 96
Tarif rate 20; fare 65
Tasche bag 17, 18, 102; *(Kleid)* pocket 113
Taschenbuch paperback 116
Taschenlampe torch 118, 119
Taschenmesser penknife 118
Taschenrechner pocket calculator 116, 119
Taschentuch handkerchief 113
Taschenuhr pocket watch 123
Taschenwörterbuch pocket dictionary 116
Tasse cup 37, 118
Taucherausrüstung skin-diving equipment 91
Tauchsieder immersion-heater 119
tausend (one) thousand 148
Taxe tax 32
Taxi taxi 18, 19, 21, 31, 67
Teddybär teddy bear 128
Tee tea 38, 59, 64, 124, 127
Teebeutel tea bag 64
Teelöffel teaspoon 118, 143
Teich pond 85
Teigwaren pasta 50
Teil part 138
Telefax fax 133
Telefon (tele)phone 28, 134
Telefonbuch telephone directory 134
Telefongespräch (phone) call 134, 135
telefonieren to make a phone call 78
Telefonist(in) switchboard operator 27
Telefonkarte telephone card 134
Telefonnummer telephone number 134
Telefonrechnung telephone bill 28
Telefonzelle telephone booth 134
Telegramm telegram 133
Teleobjektiv telephoto lens 121
Telex telex 133
Teller plate 36, 37, 61, 118
Temperatur temperature 90, 142
Tennis tennis 89, 90
Tennisplatz tennis court 90
Tennisschuh tennis shoe 114
Termin *(beim Arzt)* appointment 137, 145
Terminkalender diary 116
Terrasse terrace 36
teuer expensive 14, 19, 24, 100, 122
Theater theatre 82, 86
Thermometer thermometer 105, 144
Thermosflasche thermos flask 118
Thunfisch tuna 42, 44
Thymian thyme 49
tief deep 91
Tier animal 85
Tierarzt veterinarian 99
Tinte ink 116
Tintenfisch squid 44
Tisch table 36, 117, 118
Toast toast 38, 63
Tochter daughter 93
Toilette toilet 23, 27, 32, 67
Toilettenartikel toiletry 106
Toilettenpapier toilet paper 107
toll fantastic 84
Tomate tomato 48, 64, 124
Tomatensaft tomato juice 42, 58
Ton *(Farbe)* shade 110
Tonbandgerät tape recorder 119
Tönungsmittel tint 107
Tönungsshampoo colour shampoo 107
Topas topaz 123
Töpferei pottery 84
Tor gate 82
Torte tart 53
tragen to carry 21

WÖRTERVERZEICHNIS

Dictionary

vergrößern *(Fotos)* to enlarge 121
verheiratet married 93
Verhütungsmittel contraceptive 105
verirrt lost 13, 156
Verkauf sale 131
verkaufen to sell 100
Verkehr traffic 76
Verkehrszeichen road sign 79
Verlängerungsschnur extension cord 119
Verleih hire 20, 74
verletzen, sich to hurt 139
verletzt injured 79, 139
Verletzung injury 139
verlieren to loose 13, 125, 145, 156
Verlobungsring engagement ring 123
Verlust loss 131
vermieten to let 155
Vermittlung *(Telefon)* operator 134
verrenken to dislocate 140
verschieden(artig) miscellaneous 127
verschreiben to prescribe 143
Versicherung insurance 79
Versicherungsgesellschaft insurance company 79
versilbert silver plated 123
verspäten, sich to be late 13, 153
Verspätung delay 69
Verstärker amplifier 119
verstauchen to sprain 140
verstehen to understand 12, 16, 101, 135
verstopfen to block 28
verstopft constipated 140
versuchen to try 126
Vertrag contract 131
Verzeichnis list 115
Verzeihung sorry 10; excuse me 70
verzollen to declare 17
Videokamera video camera 120
Videokassette video cassette 119, 127
Videorecorder video recorder 119
viel much 14; a lot 14; *(pl.)* many 14
vielleicht perhaps 15
vier four 147
viereckig square 101
Viertel quarter 149
Viertelstunde quarter of an hour 153
vierte fourth 149
vierzehn fourteen 147
vierzig forty 147
violett violet 109
Vitamin vitamin 105
Vitrine display case 100
Vogel bird 85
Vogelkunde ornithology 84
Völkerkunde ethnology 84
Volksmusik folk music 128
voll full 14, 75
Volleyball volleyball 89
Vollkaskoversicherung full insurance 20
Vollpension full board 24
von from 15
vor *(räuml.)* in front of 15; *(zeitl.)* before 15
vorbestellen to reserve 87
Vorfahrt gewähren to give way 79
Vorhang curtain 28
Vorhängeschloß padlock 118
vorher before 14
vormittags in the morning 151
Vorname first name 25
vorne in the front 75, 145
Vorrat stock 103
Vorsaison low season 150
Vorsicht caution 155
Vorspeise starter, hors d'œuvre 41
vorstellen to introduce 92
Vorstellung *(Theater, usw.)* show 86, 88
Vorwahl dialling code 134

W

Wachtel quail 47
Waffel waffle 54
Wagen car 20, 26, 76; *(Zug)* carriage 70
Wagenheber jack 78
wählen *(Telefon)* to dial 134
während during 15
Währung currency 102, 129
Wald wood 85
Wales Wales 146
Walnuß walnut 52
wandern to hike 74, 90
Wanderschuh walking shoe 114
Wanduhr clock 123
wann when 11
Waren goods 17
Warenhaus department store 99, 100, 103
warm hot 24, 25, 28

WÖRTERVERZEICHNIS

Dictionary

English index

ATLANTISCHER OZEAN
Shetland
Orkney
Wick
Hebrides
Peterhead
Inverness
Aberdeen
NORDSEE
SCOTLAND
Dundee
Glasgow
Edinburgh
Dumfries
NORTHERN IRELAND
Newcastle
Belfast
Scarborough
Isle of Man
Hull
Galway
EIRE
Dublin
Manchester
Liverpool
Limerick
Birmingham
WALES
Cambridge
Wexford
ENGLAND
Cork
Harwich
Fishguard
Oxford
London
Cardiff
Bristol
Thames
Dover
Southampton
Boulogne
Isle of Wight
Plymouth
Ärmelkanal
Le Havre
FRANKREICH

RANKREICH	Bretagne Côte d'Azur Frankreich (256 S.) Normandie Paris Tal der Loire
RIECHEN- AND ND TÜRKEI	Ägäische Inseln Athen Korfu Kreta Peloponnes Rhodos Thessaloniki und Nordgriechenland Istanbul/Ägäische Küste Türkei (192 S.)
ROSS- RITANNIEN	Oxford und Stratford London Schottland
RLAND	Irland
ALIEN	Florenz Italien (256 S.) Italienische Adriaküste Italienische Riviera Rom Sizilien Venedig
UGOSLAWIEN	Dubrovnik und Süddalmatien Istrien und Kroatische Küste Split und Dalmatien
ARIBIK	Bahamas Französische Antillen Jamaika Kleine Antillen, Südliche Inseln
ATEIN- MERIKA	Mexico City Rio de Janeiro
ALTA	Malta
NAHER OSTEN	Ägypten Jerusalem Zypern
ÖSTERREICH	Tirol Wien
PORTUGAL	Algarve Lissabon Madeira
SCHWEIZ	Schweiz (192 S.)
SKANDI- NAVIEN	Helsinki und Südfinnland Kopenhagen Oslo und Bergen Stockholm
SPANIEN	Barcelona und Costa Dorada Costa Blanca Costa Brava Costa del Sol und Andalusien Ibiza und Formentera Kanarische Inseln Madrid Mallorca und Menorca
UNGARN	Budapest Ungarn (192 S.)
USA UND KANADA	Florida Hawaii Kalifornien Miami New York USA (256 S.) Kanada (256 S.)* Montreal
UDSSR	Moskau und Leningrad
EUROPA	Manager-Reiseführer Europa (352 S.)

WÖRTERBÜCHER

Je 12 500 Begriffe in Deutsch und Fremdsprache, mit internationaler Lautschrift zu jedem Stichwort. Dazu die nützlichsten Sätze für die Reise und ein Führer durch die Speisekarte. Über 350 Seiten.

Dänisch	Finnisch	Italienisch	Norwegisch	Schwedisch
Englisch	Französisch	Niederländisch	Portugiesisch	Spanisch

Mit Berlitz Büchern haben Sie die Welt in der Tasche!

SPRACHSETS

Die ideale Kombination: Der Sprachführer liefert den Wortschatz für die Reise, mit der Hi-Fi-Kassette verbessern Sie Ihre Aussprache. Nur zuhören und nachsprechen! Erhältlich in 8 Sprachen.

Jedes Sprachset enthält ein Begleitheft mit Aussprachehilfen und vollständigem Text der zweisprachigen Kassette.